W0296213

PARADIESRUINEN

Jürgen Rostock · Franz Zadniček

PARADIESRUINEN

Das KdF-Seebad der Zwanzigtausend
auf Rügen

Mit einem Vorwort von
Wolfgang Schäche

Ch. Links Verlag, Berlin

Für die Unterstützung unserer Arbeit
danken wir:

Horst Heidrich, Köln
Hans Schulten †, Köln
Franz-Eitel Reich, Prora
Kurt Ott, Lubkow
Ulrich Dankert, Prora
Herrn Range, Prora
Martin Klette, Binz
Prof. Dr. Walter Freyer, Dresden
Prof. Dr. Wolfgang Schäche, Berlin
der Deutschen Bücherei, Leipzig
der Sächsischen Landesbibliothek, Dresden
der Deutschen Staatsbibliothek, Berlin
dem Kunsthistorischen Institut der Freien
Universität Berlin
dem Berlin Document Center
dem Bundesarchiv, Abteilung Potsdam

Die Deutsche Bibliothek – CIP-Einheits-
aufnahme

Paradiesruinen : das KdF-Seebad der
Zwanzigtausend auf Rügen /
Jürgen Rostock ; Franz Zadniček. - 5. Aufl. -
Berlin : Links, 1999
ISBN 3-86153-149-6
NE: Rostock, Jürgen; Zadniček, Franz

5. Auflage, August 1999
© Christoph Links Verlag - LinksDruck
GmbH, 1992
Zehdenicker Straße 1, 10119 Berlin,
Tel. (0 30) 44 02 32 - 0
www.linksverlag.de
Gestaltung und Herstellung: Gabrielle Pfaff
Satz: Theuberger Berlin
Lithos: Duplex (innen), O.R.T. (Umschlag),
beide Berlin
Karten (S. 110): Ditta Ahmadi, Berlin
Druck- und Bindearbeiten: Kösel, Kempten

ISBN 3-86153-149-6

Inhalt

Vorwort

»Vor allem muß Aufklärung über das Geschehene einem Vergessen entgegenarbeiten, das nur allzuleicht mit der Rechtfertigung des Vergessenen sich zusammenfindet.«
Theodor W. Adorno

Mit der hier vorliegenden Aufarbeitung eines gewichtigen Teils der Geschichte des Planens und Bauens im »Dritten Reich« an einem konkreten Objekt im Ostteil der wiedervereinigten Republik wird zugleich mit einem hartnäckigen Tabu der DDR-Geschichte gebrochen. Es findet sich bisher nicht eine wissenschaftlich oder literarisch seriöse Untersuchung, die sich während der 40jährigen SED-Herrschaft diesem komplexen Themenbereich gewidmet hätte. Das physisch überkommene »Dritte Reich« in Form seiner baulichen Dokumente war im Lande des real existierenden Sozialismus »terra incognita«.
Hierin unterschied sich die DDR-Vergangenheit jedoch nicht qualitativ von der der Bundesrepublik. Auch dort hielt die Tabuisierung des Gegenstandes faktisch bis in die siebziger Jahre an und war auch danach oftmals von den Vorurteilen bestimmt, die aus der Strategie der »Bewältigung durch Verdrängung« erwuchsen, die schon sehr bald nach Kriegsende die anfänglich schonungslos geführte Auseinandersetzung um die gesellschaftliche Realität des deutschen Faschismus ablöste. So wie der Nationalsozialismus insgesamt aus dem Ablauf der Geschichte ausgeblendet wurde, indem man ihn als »Betriebsunfall« oder eine hereingebrochene »Naturkatastrophe« behandelte, wurden auch die Architektur und der Städtebau nicht in ihrem Entwicklungszusammenhang betrachtet. Demzufolge sind hüben wie drüben die Wissenslücken erheblich. Die Forschung steht auf mehreren Ebenen des vielschichtigen Themas praktisch noch am Anfang. Vor diesem Hintergrund ist die Arbeit zum KdF-Bad in Prora von besonderer Bedeutung.
Zugleich wird ein anderer wichtiger Problemkreis behandelt, der heutige Umgang mit den baulichen Dokumenten der braunen (hier schließlich realrot verfärbten) Vergangenheit. Nachhaltig haben die Verdrängungsstrategien in Ost wie West eine bewußte und kritische Annäherung an das architektonische Erbe des Nationalsozialismus unmöglich gemacht. Alle Diskussionen, die bis dato – immerhin ein halbes Jahrhundert danach – zu diesem Thema mühsam in Gang gebracht wurden, offenbaren eher Hilf- und Ratlosigkeit als Lösungsansätze, wie mit der steinernen Hinterlassenschaft angemessen umgegangen werden könnte. Das ganze Dilemma zeigt sich nicht zuletzt daran, wie die Denkmalpflege vielerorts mit der architektonischen NS-Erbschaft verfährt. Indem sie sich hinter ihrem Gesetzesauftrag verschanzt und lediglich bestimmte Gebäude unter Schutz stellt, trägt sie unfreiwillig dazu bei, eine dringend notwendige inhaltliche Auseinandersetzung zu verhindern. Das Unter-Schutz-Stellen allein ist allzuoft zum Selbstzweck geworden. Es kann aber nur dann einen produktiven Beitrag zur geschichtlichen Aufarbeitung leisten, wenn es zugleich an die bewußte geistige Überwindung der in den Bauten vermittelten Inhalte gekoppelt ist.
In diesem Sinne ist mit der Diskussion um das KdF-Seebad auf Rügen, zu der dieses Buch beiträgt, die Chance zu einer neuen Qualität der Auseinandersetzung gegeben.
Wolfgang Schäche

Die Insel Rügen

Rügen hat weite Sandstrände, große Kiefern- und Buchenwälder, unberührte Natur, kaum Industrie. Schöner als Sylt, sagen manche.
Im Inneren der Insel und im Westen: vergessene, verträumte Dörfer, verwinkelte Boddenlandschaft. Wasser und Land fließen ineinander. Die Landschaft – vielgestaltig und prachtvoll.
Die größte deutsche Insel, vielleicht wirklich die schönste. Rügens Landschaft ist geprägt durch Eiszeiten und Sturmfluten, die eine sehr kompliziert geformte Landmasse im Meer hinterlassen haben. Es hat eine Fläche von 969 Quadratkilometern und eine Küstenlänge von 573 Kilometern. Die Küste ist so verschnörkelt, daß man mit ihrer Länge eine runde Insel der gleichen Fläche achtmal umwickeln könnte. So kommt es, daß fast alle Ortschaften nah einem Ufer liegen, nur wenige sind mehr als fünf Kilometer vom Wasser entfernt.
Die vielfältige Ausbildung der Küstenformationen wird von keiner anderen deutschen Insel auch nur annähernd erreicht. Auf der Karte zeigen sich große und kleine Halbinseln und eine Vielzahl von Inseln, Buchten, Meerengen und Landzungen. Von erhöhten Aussichtspunkten werden sich staffelnde Landrücken und Wasserstreifen sichtbar, vielfache Horizontlinien; sie verlieren dabei ihre Farben zugunsten der einen, eines fast mediterranen Blaus, das den eigentümlichen Reiz der Insel ausmacht.
Besondere Kostbarkeiten Rügens sind die gewaltigen Kreidegebirge und die in Europa einzigartigen großen Feuersteinfelder bei Mukran.
Um den Charakter der Insel zu wahren, wurden nach der Wende in Ostdeutschland Landschaften und Naturräume Rügens geschützt. Definiert und festgeschrieben sind: der Nationalpark Boddenlandschaften, der Nationalpark Jasmund, das Biosphärenreservat Mönchgut-Granitz, der Naturschutzpark Rügen. Vorhandene Naturschutzgebiete wurden beträchtlich erweitert. Seltene Pflanzen und geschützte Tiere finden hier ihren Lebensraum.
Nicht nur geologisch, auch archäologisch ist Rügen von großem Reichtum. Die Dichte stein- und bronzezeitlicher Bodendenkmale übersteigt die des benachbarten Festlandes bei weitem. 1829 zählte man auf Rügen noch 232 steinzeitliche Grabstätten, sogenannte Hünengräber, die aber in ihrem kulturhistorischen Wert unterschätzt und nicht denkmalgeschützt wurden. So waren hundert Jahre später die meisten davon zerstört und nur noch 54 vorhanden. Die eindrucksvollsten Hünengräber findet man heute bei Lauterbach, Nadelitz, Nobbin, Vilmnitz, Dwasieden und Dumertevitz.
Erste Spuren menschlicher Siedlungen auf Rügen stammen aus dem 9. Jahrtausend vor Christus.
Die ursprünglich germanische Besiedlung wurde um 600 vom einwandernden slawischen Volk der Ranen abgelöst. Im 11. und 12. Jahrhundert gab es Kriege zwischen Dänen und Ranen, die schließlich 1168 mit dem Sieg der Dänen und der Zerstörung der heidnischen Götterstatue, des Swantevit, am Nordkap der Insel endeten. Rügen wurde dänische Provinz.
Nach den auch auf der Insel fürchterlichen Verheerungen des Dreißigjährigen Krieges gehörten Rügen und Hiddensee bis 1815 zu Schweden, dann wurden Pommern und Rügen preußisch. Im 18. Jahrhundert verstärkte sich die Zerstörung des Bauernstandes durch den Landadel.

Zwischen 1780 und 1880 entstanden auf Rügen 144 »Wüstungen«, das heißt, es wurden 144 Dörfer aufgegeben. Die Insel verarmte durch das »Bauernlegen« und die Leibeigenschaft, die bis ins 19. Jahrhundert anhielten. Die Enteignung selbständiger Bauern wurde zum Sport des Landadels, auf Rügen viel stärker als auf dem benachbarten Festland. Auch Interventionen des schwedischen Königs Gustav Adolf halfen da wenig. Am Ende des Zweiten Weltkrieges waren immer noch 48 000 Hektar Land auf Rügen im Besitz von wenigen Großgrundbesitzern, das ist etwa die Hälfte der Gesamtfläche. Durch Flüchtlingsströme aus dem Osten Deutschlands verdoppelte sich die Bevölkerung.
Die Bodenreform von 1948 verteilte diesen großen Landbesitz an landlose Bauern. »Land«, heißt es im dritten Buch Moses, »sollt ihr nicht verkaufen ewiglich; denn Mein ist die Erde und ihr seid nur Fremdlinge und Lehnsträger« – religiös war die Bodenreform 1948 allerdings nicht motiviert. Die protestantische Kirche behielt auf Rügen aber ihre Bedeutung.
Die alljährlichen Urlaubermassen wuchsen an, weil Rügen eines der wenigen übriggebliebenen Urlaubs-

▷ Die »Wissower Klinken« – Teil der berühmten Jasmunder Kreideküste, die nördliche Begrenzung der Prorer Wiek

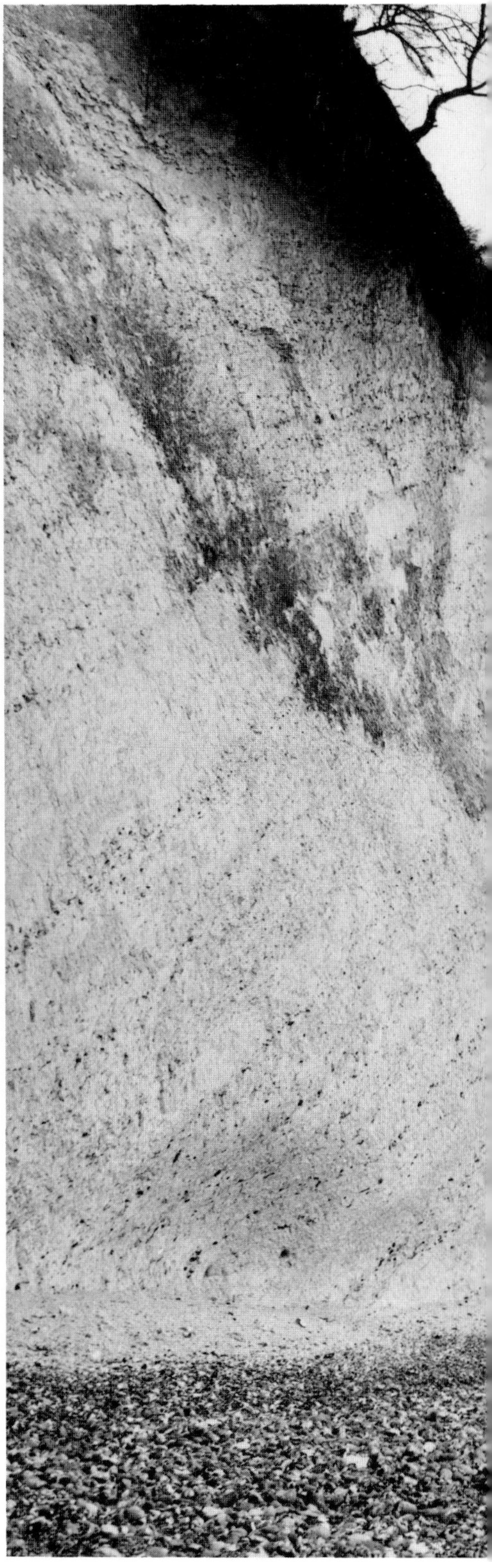

▽ Die in Deutschland einzigartigen Feuersteinfelder bei Mukran. 14 parallele, etwa zwei Kilometer lange Wälle, bis zu einem Meter hoch, wahrscheinlich durch Sturmfluten entstanden

△ *Hügellandschaft bei Groß-Zicker*
▷ *Panorama der Kreidefelsen zwischen Saßnitz und Königsstuhl*

ziele in der DDR war. Prägend war eine erhebliche Inanspruchnahme der Insel durch das Militär in Prora, auf dem Bug im Nordwesten der Insel und an zahlreichen kleineren Standorten.
Die allgemeine DDR-Misere machte auch vor dem Rügendamm nicht halt. Die Staatssicherheit spitzelte bis in die kleinsten Dörfer, die Wirtschaftsorgane mißwirtschafteten, die Sekretäre verwalteten. Da aber wenig gebaut wurde, blieb auch vieles an Landschaft unversehrt.
Rügen zieht seit Jahrhunderten Künstler an. Caspar David Friedrich hat hier gemalt, Lyonel Feininger war zwischen 1891 und 1909 oft hier, die Kirche Middelhagen kehrt als Motiv in seinen Grafiken und Bildern immer wieder. Viele Künstler und Schriftsteller haben es geliebt, so August Strindberg und Adolph von Menzel, Carl Gustav Carus und Philipp Otto Runge, Walter Leistikow und Gerhard Hauptmann, Theodor Fontane und Friedrich Schinkel. Johannes Brahms vollendete hier seine Erste Sinfonie, op. 68 in c-Moll.
Rügen spielt im Bewußtsein der Deutschen eine Rolle wie Helgoland, der Rhein, das Elbsandstein-Gebirge oder die Lüneburger Heide. Seit der Zeit der Romantik hat die Insel eine große kulturhistorische Bedeutung, einen Ruf, der sich bis über die deutschen Grenzen hinaus erhalten hat, Sehnsucht nach vergleichsweise unberührter Landschaft ausdrückt und Natur, Licht, Weite, Wasser assoziiert.
Die Insel verdankt ihren Mythos auch der Tatsache, daß sie nicht erheblich industrialisiert wurde. Landwirtschaft, Tourismus, Fischfang waren bisher die Hauptstützen der Wirtschaft Rügens. Eine Anzahl Arbeitsplätze entstanden im Fährhafen Saßnitz und ab 1986 im Fährhafen Mukran, der allerdings auch eine enorme Landschaftszerstörung an der Prorer Wiek mit sich brachte. An Industrie gab es nur wenig: Kreideabbau, Lebensmittelverarbeitung, insbesondere die Fischverarbeitung in Saßnitz, etwas Textilindustrie in Bergen. Nach der schnellen wirtschaftlichen Vereinigung der beiden Deutschlands sind Landwirtschaft, Fischfang und -verarbeitung sowie die Kreideindustrie zu erheblichen Teilen zusammengebrochen. Auch militärische Einrichtungen in Prora und auf dem Bug im Norden Rügens gibt es nicht mehr. Der Tourismus könnte einen großen Aufschwung nehmen, weil die Nachfrage nach Urlaubsplätzen so groß ist, daß sie gegenwärtig in der Saison das Angebot übersteigt.
Hunderttausende kommen jährlich nach Rügen. Bevorzugtes Ziel der Besucher ist die Ostküste mit den Kreidefelsen und den ehemals berühmten Seebädern Thießow, Göhren, Baabe, Sellin, Binz, auch Saßnitz gehörte einmal dazu.
Es kommen heute allerdings auch viele, zu viele, wie zum Sommerschlußverkauf nach Rügen. Mit Befremden muß man zur Kenntnis nehmen, daß Landschaften ausschließlich als Grundstücke, als Geldanlage und mögliche Rendite gesehen werden.

Die schönste Bucht der Ostküste ist die »Prorer Wiek« zwischen Binz und Saßnitz. Hier war die Küste zu DDR-Zeiten nicht zugänglich, die Straße zwischen Binz und Saßnitz für Privatfahrzeuge gesperrt: militärisches Sperrgebiet. Das Gebiet zwischen Binz und Mukran mit dem militärisch-industriellen Handicap an der Prorer Wiek heißt »Schmale Heide«. Hier war noch Mitte der dreißiger Jahre ein völlig unberührtes Naturschutzgebiet. Einen Ort namens Prora gab es damals nicht. Die »Prora« war lediglich der bewaldete Höhenzug, der sich westlich der Schmalen Heide parallel zur Küste entlangzieht. 1936 entstand hier jedoch eine der größten Baustellen des Reiches, wurde die Landschaft für ein ehrgeiziges Propaganda-Projekt des NS-Staates verändert, für den Bau des »Kraft-durch-Freude-Seebades« Rügen. Während Robert Ley, der »Reichsorganisationsleiter der NSDAP und Führer der Deutschen Arbeitsfront« in Prora ein riesiges Seebad bauen ließ, wurde auf Weisung eines anderen Mächtigen des »Dritten Reiches«, Hermann Göring, gleichzeitig und auch auf Rügen ein Militärflugplatz angelegt, an einer ebenso idyllischen und bislang im Naturzustand belassenen Stelle Rü gens: auf dem Bug, dem nordwestlichen Anhängsel der Insel.
Das ehemalige »Kraft-durch-Freude-Seebad« wurde zu DDR-Zeiten intensiv militärisch genutzt. Zwischen 15 000 und 20 000 Militärangehörige waren hier ständig stationiert, auch Ausländer wurden ausgebildet. Dadurch ist dieser Ort in Ostdeutschland sehr bekannt geworden. Gerüchte und Legenden um Prora entstanden.

△ *Illegaler Hausbau im Biosphärenreservat Ostrügen bei Seedorf (1992), inzwischen wieder abgerissen*
△ △ *Gesperrter Strandbereich in Prora, Verbotsschild der Bundeswehr 1991*

In den achtziger Jahren gab es zum zweiten Mal an der Prorer Wiek einen schwerwiegenden Eingriff. Nördlich des inzwischen militärisch okkupierten ehemaligen Seebades entstand der Fährhafen Mukran. Hier wurden mitten in das Naturschutzgebiet ein riesiger Containerbahnhof und der Fährhafen gebaut, um den Güterverkehr mit der Sowjetunion zu sichern – für den Fall, daß in Polen die Eisenbahner wieder einmal streiken sollten, wie 1980, als man sich zu diesem kostspieligen und zerstörerischen Großprojekt entschloß. Wiederum ein politisch motivierter Zugriff auf Landschaft und Natur und wiederum unter Ausschluß der Öffentlichkeit, diesmal durch den DDR-Staat. Das waren die bisher umfangreichsten und schwerstwiegenden Schäden für die Landschaft Rügens, politisch motivierte Eingriffe, über die weder im »Dritten Reich« noch in der DDR diskutiert werden konnte. In der vereinigten Bundesrepublik Deutschland kann über solche Projekte öffentlich gesprochen werden.

Der Fährhafen Mukran – die Eisenbahnfähre nach Klaipeda (Memel), im Hintergrund die kilometerlange Nordmole

Erfreulich ist, daß 1992 ein weiteres geplantes Projekt in der Prorer Wiek, der Bau einer Großwerft durch den Unternehmer Meyer, abgesagt wurde. Das geschah wenige Tage, nachdem mit großer Publizität in der Landeshauptstadt Schwerin 140 000 in wenigen Monaten gesammelte Protest-Unterschriften überreicht worden waren. Das aber war nicht der Grund, der Rückzug wurde mit den zu geringen Schiffbauquoten der Europäischen Gemeinschaft für Mecklenburg-Vorpommern begründet. Es war der Investor, der von dem Projekt Abstand nahm, und nicht die zuständigen Politiker aller Ebenen, so daß man leider nicht von einem Sieg der politischen Vernunft sprechen kann. Dagegen entstand 1993/94 ein Hotelkomplex in Vaschwitz an der Westküste, unmittelbar im Küstenbereich, wo Bauen grundsätzlich verboten ist – genehmigt durch die damalige Landesregierung in Schwerin.
Nach den politischen Veränderungen 1994 infolge der Landtags- und Kommunalwahlen in Mecklenburg-Vorpommern sollten derartig deplazierte Projekte auf der Insel angeblich keine Chance mehr haben. Doch bereits Anfang 1995 starteten neue Versuche, Rügen zu einer Industrie- und Verkehrszone auszubauen. Diesmal soll der Fährhafen Mukran erweitert und eine zweite Rügenanbindung geschaffen werden, um möglichst den gesamten Güterverkehr in Richtung Nord- und Osteuropa über die Insel zu ziehen. Immer wieder versuchen Lobbyisten in Schwerin, die Interessen jener Investoren durchzusetzen, die sich nicht mit ausgewiesenen Industriestandorten oder traditionellen Häfen begnügen wollen, sondern mit allen Mitteln daran gehen, in eine der letzten in Deutschland verbliebenen Naturlandschaften vorzustoßen, auch um den Preis unkalkulierbarer Folgeschäden.
Zwei Großbauten liegen schon jetzt in der Mitte Ostrügens. Weitere Industrie, intensiver Verkehr und massentouristische Anlagen an dieser Stelle würden den Charakter der Insel endgültig zerstören.

Steinige Küste bei Lohme

Die NS-Organisation »Kraft durch Freude« – KdF

1991 ein Artikel in einer Wochenzeitschrift über Rechtsradikalismus. Ein Foto – ein sehr junger Bursche mit einem weißen Hemd und vorn der Aufdruck »Kraft durch Froide« in altdeutscher Fraktur. Ein gläubig-fanatisches Gesicht. Was mag man ihm über den Nationalsozialismus erzählt haben? Was glaubt er zu wissen, und was weiß er wirklich?

Vielen ist »Kraft durch Freude« kein Begriff mehr, andere halten das für eine nette Urlaubsfirma. KdF gehörte zur Pseudo-Gewerkschaft »Deutsche Arbeitsfront«, die den Allgemeinen Deutschen Gewerkschaftsbund 1933 im nationalsozialistischen Sinn ersetzen sollte.

Während die Nazis den 1. Mai 1933 noch als nationalen Feiertag begehen und dafür eine Massenveranstaltung auf dem Tempelhofer Feld in Berlin inszenieren ließen, lösten sie am Tag darauf die Gewerkschaften auf und die nationalsozialistische »Deutsche Arbeitsfront« trat an ihre Stelle. Der zweite Mai wurde der Tag des »Sturms auf die Gewerkschaften«.

Robert Ley, der Reichsorganisationsleiter der NSDAP, einer der engen Vertrauten Hitlers und einer seiner alten Kampfgefährten, wurde zum »Führer der Arbeitsfront«.

Ley war Chemiker und wurde zum 31.12.1927 von der Farbenfabrik Leverkusen wegen seiner politischen Umtriebe für die NSDAP entlassen. Gegen ihn liefen Anfang der dreißiger Jahre in Köln 69 Strafverfahren wegen politischer Vergehen. Er galt als ein »rücksichtsloser, nervöser Mensch« mit lockerem Lebenswandel. Im Auftrag von Prinz Christian zu Schaumburg-Lippe wurde er Geschäftsführer der Westmark-Verlags GmbH, die nationalsozialistische Zeitungen für das Rheinland produzierte und die durch seine »unglaublich liederliche Geschäftsführung« im März 1931 Bankrott machte. *(1)*

Ley war ein besonders devoter Diener seines Herrn. Aus einem Hitler-Geburtstagstext 1943: »Wir Deutschen des nationalsozialistischen Reiches haben keinen Kaiser oder König, keinen Präsidenten oder Vorsitzenden eines Parteirates, wir haben einen Führer! Dieses Wort gibt es nur im deutschen Wortschatz. Es appelliert deshalb wie kein anderes an den Verstand und an das Gefühl des deutschen Menschen. Wir Nationalsozialisten und wir Deutschen bekunden damit, daß wir marschieren und marschieren müssen, denn nur wer marschiert, kann geführt werden.« *(2)*

Ley war auch der Autor der zehn nationalsozialistischen Gebote, die er »10 Punkte für die Arbeit der kommenden Zeit« nannte; deren erster hieß: »Wir grüßen den Führer am Morgen und danken ihm am Abend dafür, daß er uns Lebenswillen und Lebenshoffen neu geschenkt hat.« *(3)*

Eben dieser Ley sprach auf dem Parteitag der NSDAP 1934 über die Entstehung der Arbeitsfront. Mitte April 1933 habe Hitler ihm den Befehl gegeben: »Sie übernehmen die Gewerkschaften, damit sie als politische Seuchenherde unserem Gegner entzogen werden ... Ich hoffe, daß es Ihnen gelingt, aus dem Instrument der Volksverhetzung ein Instrument der Volksgemeinschaft zu machen.« Als Termin für die Übernahme wurde der 2. Mai 1933 bestimmt. So einfach war das. Die »In-

▷ *Das »Sonnenrad«, Signet der »Kraft durch Freude«-Organisation am Schornstein eines KdF-Schiffes*

Unter dem Sonnenrad

Robert Ley, Reichsorganisationsleiter der NSDAP und Führer der »Deutschen Arbeitsfront«

Der Befehl des Führers

Mitte April 1933 gaben Sie mir, mein Führer, folgenden Befehl: Sie übernehmen die Gewerkschaften, damit sie als politische Seuchenherde unserem Gegner entzogen werden. Ich will aber nicht, daß dem Arbeiter daraus ein Schaden entstehe oder ihm gar der Schütz gegenüber der Willkür einzelner Unternehmer genommen werde, sondern ich will, daß alles, was dem Arbeiter in seinem schweren Daseinskampf nützlich ist, erhalten bleibt und daß dort, wo Falsches vernichtet werden muß, Besseres an seine Stelle gesetzt werde.

Ich hoffe, daß es Ihnen gelingt, aus dem Instrument der Volksverhetzung ein Instrument der Volksgemeinschaft zu machen.

Als Termin für die Übernahme bestimmten Sie, mein Führer, den 2. Mai 1933. Die Inbesitznahme der Gewerkschaften geschah blitzschnell und für unsere Gegner völlig überraschend.

Die NS-Gemeinschaft „Kraft durch Freude"

Aber nicht allein in diesen Zahlen erschöpfen sich die Leistungen der DAF. Am 27. November 1933 schuf die DAF ein Werk, für das es bisher noch kein Vorbild gab: Die NS-Gemeinschaft „Kraft durch Freude". Auf Befehl des Führers sollte erreicht werden, daß dem Volke zur Erhaltung seiner Nerven in dem Tempo dieser Zeit genügend und ausreichende Erholung gegeben würde. Die NS-Gemeinschaft „Kraft durch Freude" organisierte ihre Arbeit in elf Ämtern, von denen die hervorstechendsten folgende 7 Ämter sind:

1. Das Amt für Urlaub, Reisen und Wandern.
2. Das Amt für Schönheit und Würde der Arbeit.
3. Das Amt für körperliche Ertüchtigung und Sport.
4. Das Amt für geistige Aus- und Fortbildung.
5. Das Amt für Kultur.
6. Das Amt für Volkstum und Brauchtum.
7. Das Jugendamt.

Auszug aus der Rede Robert Leys zum Reichsparteitag 1934

besitznahme« der Gewerkschaften sei »blitzschnell und für unsere Gegner völlig überraschend« geschehen. *(4)* Die Arbeitsfront eignete sich das Vermögen der Freien Gewerkschaften, die Bank für Arbeit, alle örtlichen Zahlstellen, alle Gewerkschaftskassen, aber auch gewerkschaftseigene Liegenschaften, Sportplätze, Bäder, Sportgeräte, Musikinstrumente und Büchereien an. Die De-facto-Zwangsmitgliedschaft für alle Arbeitenden in der Deutschen Arbeitsfront brachte riesige Beitragseinnahmen. Damit wurde die Arbeitsfront zur wohlhabendsten NS-Organisation und blieb es auch. Das hinderte Ley nicht daran, die wirtschaftliche Lage der übernommenen Gewerkschaften ganz anders zu schildern. Alles wäre zusammengebrochen. »Die Arbeiterbank war bei der Übernahme völlig illiquid.« Sie hätte gerade »für drei Tage flüssige Mittel« gehabt. Die Wohnungsunternehmungen standen »vor dem Konkurs«. Er fuhr fort: »So sah es nahezu bei allen wirtschaftlichen Unternehmungen der Gewerkschaften aus. Es war hier wirklich einmal fünf Minuten vor zwölf, als eine Wirtschaftskatastrophe ungeheuerlichen Ausmaßes verhindert wurde.« *(5)*
Dagegen beschreibt Albert Speer, wie sie bei der Vergabe von Baugrundstücken an der geplanten neuen Nord-Süd-Achse in Berlin mit Mühe Ley davon abhielten, »mit seinen aus Arbeiterbeiträgen stammenden riesigen Mitteln ein Fünftel der gesamten Straßenlänge für seine Zwecke zu belegen. Immerhin bekam er aber noch einen Block von dreihundert Meter Länge, in dem er einen großen Vergnügungsbetrieb aufmachen wollte.« *(6)*
Mit dem 2. Mai 1933 waren im Hitler-Deutschland die Gewerkschaften abgeschafft, es gab sie während der NS-Zeit nicht mehr, der Interessenausgleich zwischen Unternehmern und Gewerkschaften wurde am 20.1.1934 durch das »Gesetz zur Ordnung der nationalen Arbeit« ersetzt, die Tarifautonomie durch das Verhältnis von Betriebsführer und Gefolgschaft. Die nationalsozialistische »Volksgemeinschaft« sollte aufgebaut werden. Das »Gesetz zur Ordnung der nationalen Arbeit« vom Januar 1934 regelte dann das Verhältnis zwischen »Führer« und »Gefolgschaft« im Betrieb. Die Arbeitsfront sollte sich im wesentlichen auf die Freizeitgestaltung beschränken.
Offenbar gab es Widerstand gegen die neue Betriebsordnung. So beklagt sich ein mit »G. H.« Zeichnender in der Siemens-Werkzeitung vom Mai 1939, daß die »geradlinige Arbeit« der Arbeitsfront von »Querulanten« systematisch »betriebsdiplomatisch verwertet wird«. Der Schreiber »sehnt sich förmlich danach, einmal kräftig zulangen zu dürfen« und nach »dachaureifen Verwicklungen«. Alle sollen die Augen aufmachen und die Querulanten entlarven. »Dann gnade ihnen Gott!« *(7)*
Die Arbeitsfront war keine Gewerkschaft und hatte folglich auch nichts mit gewerkschaftlichen Belangen der Arbeitnehmer zu tun, dagegen viel mit nationalsozialistischer Propaganda.
Weit davon entfernt, ein Freizeitvergnügen zu sein, war die Arbeitsfront, das belegen alle hinterlassenen Dokumente, ein fester Bestandteil der nazistischen Politik, der sozialen Demagogie des »Dritten Reiches« und diente letztlich der Unterdrükkung und Kriegsvorbereitung. Die Arbeitsfront war den wesentlichen Zielen und Strategien des Nationalsozialismus untergeordnet, die mit einem unbeschreiblichen Führerkult, mörderischem Rassismus, Welterobe-

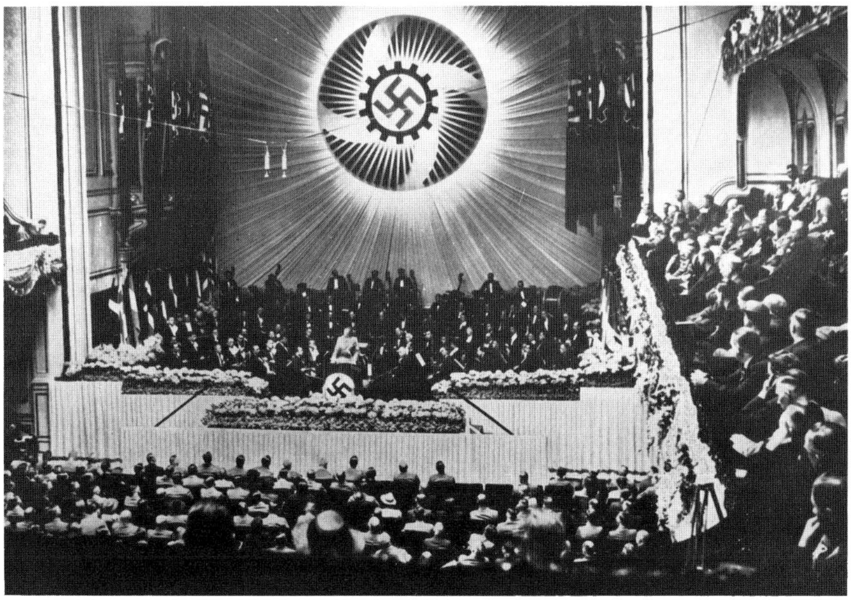

KdF-Konzert in der Hamburger Musikhalle

Die KdF-Schiffe »Robert Ley« und »Wilhelm Gustloff«, die beiden Schiffsneubauten der KdF von 1939, wurden nur wenige Monate für Urlaubsreisen genutzt und dienten dann als Lazarett-Schiffe

rungsplänen und einer Gliederung der Gesellschaft in »Führer« und »Gefolgschaft«, in Eliten und Massen umschrieben werden können. Entsprechend diesen Zielen sollte das Volk zu »Glauben, Gehorchen und Kämpfen« als den höchsten Tugenden erzogen werden.

Am 27. November 1933 wird innerhalb der Arbeitsfront die »NS-Gemeinschaft Kraft durch Freude« (KdF) gegründet; die Kontrolle während der Arbeitszeit erschien nicht ausreichend, KdF sollte das Programm der Arbeitsfront während der Freizeit fortsetzen. Zunächst hatten die Nazis an eine Feierabend-Organisation »Nach der Arbeit« gedacht, »Kraft durch Freude« hatte aber die Organisation der gesamten Freizeit, also auch des Urlaubs, zum Ziel.

Ley – nunmehr »Führer« und Promotor von Arbeitsfront und KdF – war Hitlers Mann für eine Sozialpolitik, die Erholung und Kultur vorwiegend in der KdF-Organisation möglich machte und sie mit nationalsozialistischer Politik und den entsprechenden Symbolen verband. Sozialpolitik als soziale Manipulation.

Zum KdF-Programm gehörte fast alles, was in der Freizeit gemacht werden kann: Sport, gesellige Veranstaltungen, Theater, Konzerte, Kunst überhaupt, Hobbies, Reisen, Urlaub. Auch der Volkswagen war ursprünglich der KdF-Wagen. Es ging um totale Kontrolle der gesamten Zeit: Ab sofort sollte jeder Volksgenosse seine Freizeit möglichst vollständig in der KdF-Gemeinschaft verbringen. Fortan sollte in nazistisch dominierten Gruppen gewandert, Sport getrieben, musiziert und Urlaub gemacht werden. »Nur der Schlaf sollte noch als Freizeit gewährt werden.« *(8)*

Unerträglich schien dem NS-Staat die Vorstellung, daß das Volk unkontrolliert seine Freizeit verleben und individualistisch Urlaub machen könnte. »Freizeitgestaltung privat, die sich beschränkt auf das egoistisch individualistische Ich, hat für die Gesamtheit eines Volkes und der Menschheit keinen Sinn und Wert.« *(9)* Die Ziele der KdF-Organisation waren von vornherein folgende: körperliche Ertüchtigung als Kriegsvorbereitung und politische Beeinflussung.

Ende 1935, also nach zwei Jahren bereits, soll jeder zweite Deutsche von KdF erfaßt gewesen sein. Jährlich gab Ley einen KdF-Rechenschaftsbericht. 1937 nannte er als KdF-Leistungen des Jahres: 7 000 Theatervorstellungen, 7 Millionen Teilnehmer am Betriebssport, 9 Millionen bei Reisen und Wanderungen, 180 000 bei Reisen der KdF-Flotte, 34 Millionen bei kulturellen und unterhaltenden Veranstaltungen. Und am Seebad Rügen wurde fleißig gebaut.

Und am Seebad Rügen wurde fleißig gebaut.
Die KdF-Flotte aus zeitweise acht Passagierschiffen und insbesondere das KdF-Bad Rügen spielten eine wichtige Rolle bei der Selbstdarstellung des »Dritten Reiches«. Die Passagierschiffe »Der Deutsche«, »Sierra Córdoba« und »Stuttgart« wurden von der Reederei Norddeutscher Lloyd gekauft, andere gechartert. Die »Wilhelm Gustloff« und die »Robert Ley« waren eigene Neubauten der KdF. Fahrten gingen nach Norwegen, Madeira, Portugal und Italien. Zeitweise trug sich Ley sogar mit dem Gedanken, eine eigene Werft für KdF-Schiffe bauen zu lassen.
Zwischen 1934 und 1939 gab es insgesamt ca. sieben Millionen KdF-Urlaubsreisen, davon 690 000 Schiffsreisen. Etwa jeder zehnte Arbeiter machte in diesem Zeitraum eine KdF-Reise. Die geplanten KdF-Bäder sollten diese Quoten erhöhen. *(10)*
Das KdF-Bad Rügen war als erstes einer ganzen Reihe weiterer großer Bäder angekündigt worden. Das Volk, der Arbeiter, fühlte sich in den bestehenden See-Bädern angeblich nicht wohl. Möglichst viele, möglichst alle sollten ja auch Urlaub in der Gemeinschaft machen, sich erholen, die Nerven stärken, denn man konnte ja »nur mit einem nervenstarken Volk Politik treiben«. *(11)*
In einem Vortrag spricht Ley von einem Standardtyp für insgesamt fünf Bäder. Jeder sollte sieben Tage Urlaub machen und die Saison sollte auf »mindestens ein halbes Jahr« verlängert werden, was dann zu 2,5 Millionen Urlaubern jährlich in den KdF-Bädern geführt hätte. Ley begründet laut Niederschrift über die am 18. Februar 1936 in Berlin abgehaltene Arbeitstagung der an der Entwurfsbearbeitung beteiligten Architekten auch den Kurzurlaub: »Es ergibt sich die Frage:
Ja, hat das denn überhaupt einen Sinn, werden wir denn mit sieben Tagen überhaupt etwas erreichen? Da behaupte ich: Jawohl! Wenn man den Urlaub intensiviert, kann man denselben Erfolg haben wie mit drei oder vier Wochen.«

◁ *Robert Ley mit dem Präsidenten des italienischen Industriearbeiterverbandes, Cianetti, im KdF-Wagen auf der Fahrt zum Volkswagen-Werk, Oktober 1938*

△ *Der Volkswagen ging im Dritten Reich nicht mehr in Massenproduktion, erfuhr aber publizistisch große Verbreitung*

Hauptamtsleiter Claus Selzner eröffnet die Gemeinschaftstagung der Betriebsführer und Betriebsobmänner des Siemenskonzerns auf der Schulungsburg Oberursel

KdF wurde – wenigstens teilweise – ein Propaganda-Erfolg, eines der Mittel zur massenhaften Volksverführung. Aber auch im Ausland machten besonders die Seereisen Eindruck, beispielsweise die Fotos von Arbeitern auf Luxusdampfern. Das Modell des KdF-Bades Rügen erregte auf der Weltausstellung in Paris Aufmerksamkeit und erhielt einen Großen Preis.
Angeblich schrieb 1935 eine Frau an Goebbels: »Lieber Herr Dr. Goebbels! Aus übervollem dankbaren Herzen möchte ich einige Zeilen an Sie richten. Ich komme soeben von einer KdF-Fahrt aus Oberbayern (Aschau) zurück. Die Eindrücke, die diese wunderbare Fahrt mit allen ihren aufs Beste organisierten Besichtigungen und Führungen gemacht hat, möchte ich Ihnen am liebsten eingehend schildern, aber es würde Ihre kostbare Zeit zu lange in Anspruch nehmen. Allzugerne hätte ich unsrem geliebten Führer geschrieben und mich bei ihm bedankt, für so unendlich viel Glück, daß er uns durch seine Führung und seine Idee gebracht hat. Aber ich wage es nicht, weil ich weiß, daß unser lieber Führer wichtiges zu tun hat ...« *(12)* Dieser Brief wurde gleich in mehreren Zeitungen veröffentlicht.
Am KdF-Massentourismus nahmen aber nicht nur begeisterte Nationalsozialisten teil. Deshalb erwies es sich als notwendig, die Überwachung durch die Gestapo auch auf die KdF-Veranstaltungen und -Reisen auszudehnen. Aus dem Rundschreiben 7/36 des Amtes Information der Deutschen Arbeitsfront vom 17.3.1936 zur Zusammenarbeit mit dem Sicherheitsdienst der SS geht hervor, daß sofort mit der Beobachtung »staatsfeindlicher Umtriebe« bei KdF-Veranstaltungen begonnen werden soll. Unter die Urlauber gemischte Gestapo-Agenten berichteten dann etwa so: »Vier auf dem Vorschiff befindliche KdF-Fahrer beachteten eine Führer-Ehrung und das Absingen der Nationalhymne nicht und lasen Zeitung ... Die vier Personen wurden namentlich festgestellt.« *(13)*

Pflegt die Betriebsgemeinschaft!

Ein Aufruf Dr. Leys an die Betriebsführer und Gefolgschaften

Reichsorganisationsleiter Dr. Ley, Leiter der Deutschen Arbeitsfront, erläßt einen Aufruf an die deutschen Betriebsführer und Gefolgschaften, in dem er die besondere Bedeutung der Betriebsgemeinschaft in dieser Stunde des deutschen Freiheitskampfes unterstreicht:

Deutsche Betriebsführer und Gefolgsleute!

Die Verwirklichung der Gemeinschaftsidee, die der Nationalsozialismus unserem Volke gebracht hat, gehört zu den tiefsten Geheimnissen der gewaltigen Kraft, über die wir heute verfügen. Je härter der Krieg wird, um so stärker drängen die Menschen zur Gemeinschaft zusammen, um so mehr suchen sie in dieser Gemeinschaft eine Ergänzung und Vollendung ihres eigenen Wesens.

So fordere ich Euch alle auf, das schönste Gut unserer nationalsozialistischen Sozialpolitik, die Betriebsgemeinschaft, gerade heute besonders zu pflegen und zu vertiefen. Es mag in ruhigen und reichen Friedenszeiten für Euch Betriebsführer leicht sein, durch Geld und andere materielle Werte Eure Fabriken zu verschönen und Euren Gefolgen bessere Arbeits- und Lebensbedingungen zu verschaffen. Noch höher aber als all diese materiellen Vorteile ist heute der Charakter und die Haltung zu bewerten, mit dener ein Betriebsführer sich in der Front des Krieges vor seiner Betriebsgemeinschaft auszeichnet. Ihr habt nicht nur die Pflicht, Euch in vermehrten Vertrauensratssitzungen oder Betriebsappellen und persönlichen Unterhaltungen mit arbeitsrechtlichen und sozialpolitischen Fragen zu befassen, sondern müßt darüber hinaus — wie der Offizier in seiner Truppe — Euch gerade jetzt auch mit den persönlichen Sorgen, den seelischen Nöten Eurer Mitarbeiter beschäftigen.

Sorgt für Disziplin und die Erfordernisse einer ständig wachsenden Produktion, aber zeigt zugleich auch tiefes menschliches Verständnis für die Vorgänge, die sich in den Eurer Führung anvertrauten Menschen heute abspielen.

Betriebsobleute! Unterstützt als die politischen Garanten der Partei bei dieser Aktivierung der Betriebsgemeinschaft den Betriebsführer und seine Gefolgschaft. Denkt daran, daß Ihr die Idee der Bewegung verkörpert. Und Ihr Männer und Frauen der Gefolgschaften, die Ihr vielleicht in luftbedrohten Gebieten fern von der Familie oder Euren Kindern Eure Pflicht erfüllt, seht in Eurer Betriebsgemeinschaft nicht nur eine Zweckorganisation zur Erfüllung von Produktionsaufgaben, sondern auch eine zweite Heimat, eine erweiterte Familie, in der Ihr auch Eure persönlichen Fragen, Eure menschlichen Nöte und Wünsche behandeln könnt. Für Euch darf der Betriebsführer nicht Vorgesetzter sein, der in rein dienstlichen Zuständigkeiten seine Begrenzung findet, sondern er soll und muß Führer und Berater sein, wie es der vorbildliche Offizier gegenüber seinen Soldaten ist.

Wenn Ihr alle, Betriebsführer, Obleute und Gefolgen, in diesem Sinne Eure Betriebsgemeinschaften aktiviert und vertieft, so stützt Ihr damit zugleich politische und materielle Widerstandsfront, an der jeder Ansturm und Terror des Feindes zerschellen muß.

Alles für den Führer! **Alles für Deutschland!**

Heil Hitler! Dr. R. Ley.

Aufruf Robert Leys, 1944

Die Nationalsozialisten bereiteten den Krieg vor, und die Hauptaufgabe der KdF war, dieses Ziel mit ihren Mitteln zu fördern. Programmatisch heißt es in einem »Führerbefehl«: »Ich will, daß dem Arbeiter ein ausreichender Urlaub gewährt wird und daß alles geschieht, um ihm diesen Urlaub sowie seine übrige Freizeit zu einer wahren Erholung werden zu lassen. Ich wünsche das, weil ich ein nervenstarkes Volk will, denn nur mit einem Volk, das seine Nerven behält, kann man wahrhaft große Politik machen.« *(14)*

Ley hat diese Sätze immer wieder modifiziert verwendet *(15)*, so in einem Rundschreiben zum Aufbau der Organisation »Nach der Arbeit« (sie wurde wenig später in »Kraft durch Freude« umbenannt) vom November 1933: »Der beste Staatsmann kann mit einem Volke mit zerrütteten Nerven keine Politik treiben. Der verlorene Weltkrieg sollte uns diese Erkenntnis für alle Ewigkeit eingehämmert haben. Unsere Gegner konnten infolge ihrer zahlenmäßigen Überlegenheit ihren Soldaten die genügende Ruhe und Erholung gönnen, während wir Deutsche gezwungen waren, unsere Soldaten dauernd dem nervenzerrüttenden Trommelfeuer auszusetzen. Dasselbe erreichte der Gegner in der Heimat durch seine Hungerblockade. Wir verloren den Krieg, weil wir die Nerven verloren haben. Deshalb will der Führer, daß der nationalsozialistische Staat sich diese Erkenntnis immer vor Augen hält und dafür sorgt, daß die Nerven des Volkes gesund und stark erhalten bleiben ... Die nächste Etappe muß nun sein, dem deutschen arbeitenden Menschen diese neue Heimat als das Wohnlichste und Erstrebenswerteste zu erhalten ... Aus dieser Erkenntnis hat der Führer folgende große Aufgabe der Deutschen Arbeitsfront zugewiesen: Die deutsche Arbeitsfront ist die große nationalsozialistische Gemeinde, die die Gedanken der NSDAP in die Tat umsetzt: Gemeinnutz und Volksgemeinschaft. Neben dem großen Schulungs- und Erziehungswesen glaubt sie diese Aufgabe besonders durch die Organisation der Freizeit der schaffenden Menschen zu erreichen ... Mit einem Wort, wir wollen den Menschen wieder die Freude am Leben, an ihrer Heimat und an ihrem Vaterland geben, damit er mit neugestärkten Nerven frisch und gesund an seine Tagesarbeit herangehen kann, dieses in der Erkenntnis, daß frohe Menschen auch glaubensstarke Menschen sind, und daß Glauben und Hoffen allein das Leben bejaht, und daß allein die fanatische Lebensbejahung ein Volk befähigt, alle Stürme des Lebens zu überwinden.« *(16)* Genau das war das Programm der »Arbeitsfront«: Das Volk erziehen, die Nerven stärken, um die Stürme des Lebens zu überstehen.

1935 wurde zwischen der Wehrmacht und der KdF ein Abkommen geschlossen, nach dem die KdF die Freizeitgestaltung für Wehrmacht und Reichsarbeitsdienst übernimmt.

Vergleichsweise offen wurde gesagt, worum es den Nationalsozialisten eigentlich ging, nämlich durch bestimmte Vergünstigungen und verbale soziale Aufwertungen des Arbeiters die zunehmende Ausbeutung und Überwachung in den ständisch organisierten Betrieben auszugleichen: »Wir schicken unsere Arbeiter nicht in Schiffen auf Urlaub oder bauen ihnen gewaltige Seebäder, weil es uns Spaß macht oder zumindest dem einzelnen, der von dieser Einrichtung Gebrauch machen kann. Wir taten das nur, um die Arbeitskraft des einzelnen zu erhalten und ihn verstärkt und neu ausgerichtet an seinen Arbeitsplatz zurückkehren zu lassen ... Schönheit der Arbeit, Werkkonzerte sind alles keine Dinge an sich, sondern sie dienen immer wieder dem Gesamtziel, die Leistungen des deutschen Volkes auf allen Gebieten zu steigern.« *(17)*

Das Regime steckte in einem Dilemma, die Loyalität der Industrie und die der Arbeiter waren für die Aufrüstung erforderlich. Um das Stillhalten der Arbeiter trotz der Zerschlagung ihrer Organisationen und trotz eines durch die »Betriebsführer« verordneten sehr niedrigen Lohnniveaus zu erreichen, wurde ihnen Ersatz angeboten – billige Ausführungen bislang unerreichbarer Konsumgüter wie Autos, Reisen und Radios zu niedrigen Preisen; der KdF-Wagen sollte unter tausend Mark kosten.

Dazu kamen Hitler-Reden und eine verbale Aufwertung des »Arbeiters der Faust« sowie als vielleicht einzi-

Robert Ley und Adolf Hitler, 1940

ges soziales Zugeständnis die Verlängerung des Urlaubs auf ein bis zwei Wochen. *(18)*
KdF war das Instrument der Sicherung des inneren Friedens für die äußere Aggression. Jedoch erschöpften sich die Aufgaben der KdF nicht im Verfolgen der zielstrebigen Intentionen des engen Führungskreises des Regimes zu seinen »Endlösungen« hin. Es gab in der NSDAP als einem Konglomerat verschiedener politischer Strömungen auch einen naiv-idealistischen sozialrevolutionären Flügel. Zu ihm zählte der NS-Theoretiker und spätere KdF-Amtsleiter Horst Dressler-Andress. Diese Strömung des Nationalsozialismus wurde zunächst zur Stabilisierung der Herrschaft in den Vordergrund gestellt und für den Machterhalt instrumentalisiert, später aber wieder zurückgenommen, um Hitlers industriefreundlichen Kurs nicht zu gefährden. *(19)* Für diese nützlichen Idioten in der NSDAP gilt nach Martin Niemöller auch: Man kann sich in einem fahrenden D-Zug bewegen wie man will, das Ziel steht immer schon fest.
Der Arbeitsfront und der KdF wurde zunächst die Aufgabe übertragen, das kulturelle Privileg der bürgerlichen Schichten zu brechen, um Neid und Minderwertigkeitskomplexe der Arbeiter zu beseitigen. Daneben wollte man keine Langeweile entstehen lassen, damit keiner auf »verbrecherische Gedanken« kommen kann. *(20)*
In den ersten Jahren war der Propaganda-Erfolg bei den Arbeitern relativ groß. Erholungsreisen brachten illusionäres Prestige, der soziale Aufstieg, der Sozialismus erschienen greifbar nah. Ab 1937 etwa stellte sich aber heraus, daß die Minderbemittelten auch die minderkomfortablen Reisen erhielten, Arbeiter hatten auf Schiffsreisen nur noch eine Alibifunktion. Die KdF-Reise zeigte sich als zweitklassig, als Imitation der Erholungsreise des Bürgertums. Etablierte Bäder gehörten jetzt nicht mehr zum KdF-Programm. Urlaubsreisen konnten schließlich auch den vergifteten Alltag unter dem Regime nicht vergessen machen, einen Alltag, den die Diktatur wie Mehltau überzog. KdF verlor an Glanz.
Im Krieg, anläßlich des fünfzigsten Geburtstags von Ley 1940, wird allerdings ein anderes Resümee gezogen: »Es war kein leichter Weg vom 2. Mai 1933, als Dr. Ley auf Befehl des Führers die Gewerkschaften übernahm, bis zum heutigen Tage,

»Panzer auf dem Versuchsplatz«. Ein Ausschnitt aus dem Gemälde von Ferdinand Staeger auf der Großen Deutschen Kunstausstellung in München 1941, Titelseite der Zeitschrift »Arbeitertum«, September 1941

da die großen Gemeinschaftsleistungen, wie ›Kraft durch Freude‹, KdF-Wagen, Ordensburgen, Reichsberufswettkampf, ›Schönheit der Arbeit‹ usw., so sehr in das Bewußtsein des deutschen Volkes gedrungen sind, daß man sich das deutsche Leben ohne sie gar nicht mehr vorstellen kann. Dr. Ley ist allen Schwierigkeiten zum Trotz seinen Weg gegangen und hat als unermüdlicher Prediger des Gedankens der Gemeinschaft sein Teil dazu beigetragen, daß das deutsche Volk in jene Form gebracht worden ist, in der es voll grenzenloser Zuversicht in den ihm von den Plutokratien aufgezwungenen Kampf getreten ist.« *(21)* Die Organisation »Kraft durch Freude« hat in ihrer Zeit ihre Aufgaben im Sinne des Regimes erfüllt.

Ab 1939 übernimmt sie Kriegsaufgaben, die Zeit der Vorbereitungen ist vorbei. »KdF, Ausdruck der Lebensbejahung – im Kriege notwendiger denn je« – so eine zeitgenössische Schlagzeile. KdF-Schiffe werden zu Lazarettschiffen, KdF organisiert an der Front Bunkerabende, Fronttheater, Frontbüchereien. »Schon jetzt hat KdF Großes im Kriege geleistet. Es erhält die Nerven des Volkes, es bringt Frohsinn und Kampfeswillen von der Heimat, der inneren Front, bis in die vorderste Kampflinie ... So erfährt im Kriege KdF ihre schönste Krönung. Sie läuft nicht als Fremdkörper nebenher, sondern ist dienendes Glied der großen Volksgemeinschaft. Sie gibt den deutschen Schaffenden die Freude an der Arbeit, die Erholung und Entspannung nach dem Werktag, sie bringt Soldaten und Verwundeten Freude und Kraft.« *(22)* Von der »Kulturwaffe« ist die Rede, die man der KdF verdankt und die man keineswegs, wie im (ersten) Weltkrieg, vernachlässigen dürfe. 1941 wird berichtet, daß seit Kriegsbeginn etwa 158 Millionen Teilnehmer an KdF-Veranstaltungen gezählt wurden, außerhalb Deutschlands allein 119 Millionen. Der Theaterzug der Arbeitsfront hätte 130 000 Kilometer zurückgelegt.

Auch an räumliche Ausweitungen der KdF-Aktivitäten wurde gedacht. In einem Brief von Fritz Tittmann, einem Mitarbeiter Leys, an Heinrich Himmler vom 29.4.1941 heißt es: »Der Reichsorganisationsleiter Dr. Ley ist nunmehr mit meinem Einsatz als SS- und Polizeiführer restlos einverstanden. Er ersucht mich, Ihnen, Reichsführer, Mitteilung zu machen, daß er meine Verwendung auf der Halbinsel Krim ganz besonders begrüßen würde, nachdem der Führer ihm für die Halbinsel besondere Aufträge (KdF-Einrichtungen) erteilt, bzw. in Aussicht gestellt habe.« *(23)*

Die Arbeitsfront setzt in der Rüstungsindustrie verlängerte Arbeitszeiten durch. »So ist es für uns z. B. auch gar kein Problem, ob wir einen Acht- oder Zehn- oder einen Zwölfstundentag ansetzen. Wir lehnen es strikt ab, aus dem Achtstundentag etwa eine Doktrin zu machen.« Ley schreibt dann weiter: »Unser Ziel heißt: Sieg, Sieg und nochmals Sieg! Wenn notwendig, werden wir alles und jedes einsetzen und vor keinem Opfer zurückschrecken ... Wir sind auf einen langen Krieg vorbereitet. Das deutsche Volk ist in einem grenzenlosen Vertrauen zu seinem Führer zu jedem Opfer bereit ...« *(24)* Damit beantwortet er vorzeitig Goebbels Frage nach dem totalen Krieg, die dieser erst drei Jahre später stellte.

Titelseite des »Arbeitertum«, 1936, mit dem Bildtext »Reichsleiter Dr. Ley im Gespräch mit Kumpels aus Oberschlesien«

Arbeitertum

AMTLICHES ORGAN DER DEUTSCHEN ARBEITSFRONT EINSCHL. NS-GEMEINSCHAFT „KRAFT DURCH FREUDE"

14. JAHRGANG 1945 / FOLGE 1
JANUAR-AUSGABE • PREIS
10 RPF. • VERLAGSORT BERLIN

Volkssturmsoldaten bei der Ausbildung

Aufnahme: Transocean (Ahrweiler)

ZB 24274
Deutsche Bücherei
ZB 24274

DR. ROBERT LEY

Parole 1945!

Deutsche Arbeiter! Deutsche Unternehmer!

Zur Jahreswende möchte ich Euch, Schaffende in Industrie, Handwerk und Handel, meine herzlichsten Grüße senden, Euch für Euren Einsatz, Eure Mühen und Opfer von ganzem Herzen danken und Euch, Arbeitern und Arbeiterinnen, Euch, Unternehmern und Betriebsführern, und Euch, Angestellten, Ingenieuren und Technikern, sagen, wie unsagbar stolz ich auf Euch bin, stolz auf Eure Haltung, Euren Fleiß und Eure Bereitschaft, alles auf Euch zu nehmen und alles zu ertragen um des Sieges willen.

Es ist uns gelungen, in einer rastlosen und mühsamen Arbeit, einer ständigen Aufklärung und Erziehung, die Vernunft und die Einsicht zum Tragen zu bringen. Dort, wo früher Klassenhaß und Zwietracht herrschte, steht jetzt eine unzerbrechliche Gemeinschaft. Die Organisationen der Zersetzung und der inneren Spaltung sind durch die Volksgemeinschaft abgelöst. Der Betrieb ist eine Einheit und eine Zelle lebendiger Kraft geworden. Lüge und Verhetzung mußten der Wahrheit und der Erkenntnis weichen. Falsche internationale Idole und gleißende Götzen mußten den hohen Idealen und dem wahren Gott von Blut und Rasse, Volk und Vaterland den Platz im Herzen der Deutschen einräumen. Vor allem aber: Unser Volk ist judenrein und unser Volkskörper frei von jüdischem Gift und jüdischen Bazillen geworden. Wir fanden zurück zum Ursprung unserer Kraft und zum Urquell unseres Seins. Wir wollen und wir werden leben! Das sei unsere Parole gestern, heute und morgen. Das ist Nationalsozialismus, das ist unser Sieg.

Arbeiter und Arbeiterinnen!

Unternehmer und Betriebsführer!

Haben wir ein Recht dazu, so zu reden? Haben wir bewiesen, daß wir hinter das Wollen die Tat setzen, die hohle Phrase durch Kampf, Arbeit und Leistung ablösen? Ja! Ja! Und tausendmal ja! Unser tapferes und opferbereites Volk hat sich selbst übertroffen, hat jede Probe bestanden und hat das schwerste aller Schicksale gemeistert. Was könnte uns der Himmel noch schicken, um uns zu prüfen, wenn wir den Verrat bezwungen, die Massenflut von Ost und West gebannt und der jüdischen Hydra der Lüge und Gemeinheit, Terror und Mord den Kopf abgeschlagen haben! Nichts, aber auch gar nichts kann uns nach den harten Monaten Juli, August und September 1944 mehr erschüttern.

Wir wurden gewogen, und wir haben vor dem Schicksal bestanden.

Soldaten, Arbeiter, Bauern und Bürger haben in treuer Waffenbrüderschaft und in edlem Wettstreit im Ertragen der Opfer und Strapazen dem Schicksal den Sieg abgetrotzt, und keine Macht der Erde wird ihn uns nunmehr entreißen können.

Eines der letzten Hefte der Zeitschrift »Arbeitertum«: Durchhalten bis nach dem Ende

Die Dezember-Nummer 1944 der KdF-Zeitschrift »Arbeitertum« ist dann nicht mehr so forsch, sie zielt mit Rührseligkeit aufs Gemüt: »Aber jetzt ist es Zeit, sich zu wehren und zu verteidigen, denn wir wissen zur Genüge, daß wir um Heim und Herd kämpfen und arbeiten. Ihrem Vernichtungsgeschrei setzen wir unseren unbändigen Willen zum Leben entgegen. Aus dem Leuchten der Augen unserer Kinder, deren Zukunft nicht verloren sein wird, holen wir die Kraft zum letzten Kampf.« *(25)*

Dann endete die KdF-Bewegung. Ley versuchte sich am Ende des Krieges zu verstecken, wurde von amerikanischer Militärpolizei in den Alpen entdeckt, in Nürnberg angeklagt und nahm sich während des Prozesses das Leben.

Die NS-Organisation »Kraft durch Freude« – ein Versuch der totalen Manipulation eines Volkes – ist mit dem Untergang des »Dritten Reiches« Vergangenheit. Zu ihrer Hinterlassenschaft gehört das unvollendet gebliebene Seebad auf Rügen. Daß ihre totalitäre Ideologie auch für immer der Vergangenheit angehört, sollte zum Selbstverständnis unserer Demokratie gehören.

Architektur im Nationalsozialismus

Alles ist längst verloren, der Krieg, die Herrschaft, das Reich und das Leben verspielt, und er sitzt an einem seiner letzten Tage vor einem Modell seines Linzer Alterssitzes und sinnt, lange, lange – Adolf Hitler. Einen Besucher spricht er noch im Februar 1944 auf die Burg in Krakau hin an – der Krieg ist auch da schon nicht mehr zu gewinnen und die Lage für ihn zum Verzweifeln –, lobt einen Umbau und endet: »Ach, bauen, bauen können! Herrgott, wieder bauen können.« *(26)* Er liebt es, seine Begleiter durch Sachkenntnis über Bauwerke zu verblüffen, zum Beispiel in der Oper im besetzten Paris: Hier merkt er, es fehlt etwas, irgendwo ist eine Loge zugebaut; er kennt die Oper nur aus Plänen.

Hitler selbst bezeichnet sich als den »Architekten des Dritten Reiches«, so seine Antwort auf die Frage, warum er nicht Architekt geworden wäre. *(27)*

Zahlreiche Reden Hitlers haben Architektur zum Gegenstand, handeln vom »Wort aus Stein«. Architektur wird im »Dritten Reich« zur öffentlichen Angelegenheit. In Ausstellungen, Filmen, in der Presse und auf Festumzügen wird Architektur, werden Modelle und Fotos von Bauwerken gezeigt.

Ständig ist er in Architekturbüros, studiert Modelle, übergibt an Albert Speer Zeichnungen für die Umgestaltung von Berlin, die er zehn Jahre früher gemacht hat. Nach dem Tod des Architekten Paul Ludwig Troost erwägt er ernsthaft, dessen Entwurfsbüro weiterzuführen. Hitler war wohl besessen von Architektur.

In seiner Rede anläßlich der Deutschen Architektur- und Kunsthandwerk-Ausstellung 1938 in München sagt er: »Jede große Zeit findet ihren abschließenden Wertausdruck in ihren Bauwerken. Wenn Völker große Zeiten innerlich erleben, so gestalten sie diese Zeiten auch äußerlich. Ihr Wort ist dann überzeugender als das gesprochene: Es ist das Wort aus Stein!«

Das Wort aus Stein sollte auf »die höheren Werte des Lebens« hinweisen: auf »Glauben, Gehorchen, Kämpfen«. Er fährt dann fort: »Seit der Entstehung unserer Dombauten sehen wir hier zum ersten Mal eine wahrhaft große Architektur ausgestellt ... Sie kann beanspruchen, der kritischen Prüfung von Jahrtausenden standzuhalten und für Jahrtausende der Stolz des Volkes zu sein, das diese Werke geschaffen hat.« *(28)*

Hitler und die Nationalsozialisten sahen in der Architektur ein vorzügliches Mittel zur Beeinflussung der Massen. Sie begriffen Architektur, oder wie sie sagten »Baukunst«, auch als Chance, sich historisch andauernde Denkmale zu setzen. Es sollte eine nationalsozialistische, eine »Neue Deutsche Baukunst« sein.

»Wort aus Stein«, »Jahrtausende«, »gebauter Nationalsozialismus«, »Bauwille« – solche Vokabeln gehörten zur »lingua tertii imperii«.

Eine gewisse Affinität zur Architektur liegt wohl in der Natur aller Diktaturen. Allerdings spielt beim Nationalsozialismus Hitlers krankhafter Baufanatismus die zentrale Rolle.

Modell der »Großen Halle« an der neugeplanten Nord-Süd-Achse in Berlin. Entwurf von Albert Speer nach einer Skizze Hitlers, 1936-42. Die Halle sollte 290 Meter hoch werden und einen Durchmesser von 250 Metern haben.

Die Architektur-Besessenheit Hitlers traf sich mit dem ausgeprägten Hitlerkult im »Dritten Reich«. Albert Speer, der es aus nächster Anschauung kannte, sprach von einer »Hausse in Architektur ..., wäre Hitler an Pferdezucht interessiert gewesen, so wäre mit Sicherheit eine Pferdezuchtmanie unter den Führenden ausgebrochen; so aber entstand eine Massenproduktion von Entwürfen Hitlerscher Prägung«. *(29)*
Der Hinweis auf den Kult um Hitler, auf seine große persönliche Macht soll den »Führer« nicht dämonisieren und so die gesellschaftlichen Bedingungen seiner Macht umgehen.

Hitler kam nicht aus dem Nichts, sondern aus dem bierseligen Milieu kleinbürgerlicher nationalistischer und antisemitischer Sekten Münchens. Hitlers Architektur-Geschmack war dementsprechend auch ausgesprochen konservativ, geprägt durch die Wiener Architektur, die er in seiner Jugend gesehen hatte – klassizistische und neobarocke Bauwerke. Der Münchner Architekt Paul Ludwig Troost, den er dann zu »seinem« Architekten erklärte und der seine architektonischen Neigungen nachhaltig beeinflußte, vertrat einen sparsamen, ornamentlosen und vergröberten Klassizismus.

»Ehrentempel« in München, Entwurf von Paul Ludwig Troost, 1933/34

Troost hatte noch vor seinem Tod 1934, in enger Verbindung mit Hitler, einige Entwürfe im Auftrag der Nationalsozialisten für München gemacht und auch das »Haus der deutschen Kunst« dort entworfen. Damit war der Grundtypus der repräsentativen Architektur im »Dritten Reich« geschaffen, an dem alle folgenden Entwürfe gemessen wurden und der dann zur »Neuen Deutschen Baukunst« aufgebaut werden sollte.
Speer weist mit einigem Recht darauf hin, daß Troost noch geradezu ein Glücksfall im Sinne von »kleinerem Übel« gewesen ist, denn was an Monströsitäten entstanden wäre, wenn Hitler neobarocke Formen zum Vorbild seiner Großbauten favorisiert hätte, ist unvorstellbar. *(30)*
Bauten sollten Macht und Anspruch auf die Ewigkeit darstellen. Hitler in einer Parteitagsrede 1937: »Die Autorität, die jedenfalls das deutsche Volk im 20. Jahrhundert gerettet hat, es vor dem Chaos des Bolschewismus zurückgerissen hat, ist nicht die eines Wirtschaftsverbandes, sondern der nationalsozialistischen Partei und damit des nationalsozialistischen Staates! Die Gegner werden es ahnen, aber vor allem die Anhänger müssen es wissen: zur Stärkung dieser Autorität entstehen unsere Bauten.« *(31)*
Eine »Neue Deutsche Baukunst« sollte entstehen. Bauten, die Jahrtausende überdauern und die den Machtanspruch und den Führerkult ausdrücken könnten.
Hitlers Architekturberaterin Gerdy Troost formuliert in einem Architektur-Standardwerk: »Aus tiefinnerster Berufung arbeitet der Führer daran, daß das ›Wort aus Stein‹, das unser Zeitalter zu sprechen hat, zu einem Wort nationalsozialistischen Glaubens, Willens und schöpferischer Kraft, zu einem wahren Ausdruck der deutschen Seele werde ... Die Bauten des Führers sind die Zeugen der weltanschaulichen Wende unserer Zeit. Sie sind gebauter Nationalsozialismus.« *(32)*
Das war der Anspruch, das war die Propaganda. Die Frage ist, ob man dieser Propaganda folgen muß, ob man wirklich die im »Dritten Reich« entstandenen Bauten als eigenständige »Neue Deutsche Baukunst« betrachten kann.
»Naziarchitektur« oder »Nazistil« meint im allgemeinen die Kultbauten des Nationalsozialismus und die Staats- und Parteibauten. Die baulichen Inszenierungen für Hitlers Selbstdarstellung, für Propaganda und kultische Massenveranstaltungen waren auf wenige Orte in Deutschland beschränkt: München – die »Hauptstadt der Bewegung«, Nürnberg – die »Stadt der Reichsparteitage« und Berlin – die »Reichshauptstadt« sowie Hamburg. Die Gestaltung des Königsplatzes in München, das »Reichsparteitagsgelände« in Nürnberg und etwa die Neue Reichskanzlei und die Bauten der Nord-Süd-Achse in Berlin, aber auch die nationalsozialistischen Ordensburgen und große Kriegergedenkstätten sind die spektakulärsten Projekte.
Diese Architektur versuchte dem Anspruch gerecht zu werden, durch das »Wort aus Stein« die nationalsozialistische Weltanschauung zu verkörpern. Diese Bauten sollten auf das Volk wirken durch ihre überdimensionale Größe, durch den Gestus ihrer Architektur, durch Symmetrien, durch schematische Reihung, geringe Gliederung, starke Betonung von Dach und Sockel, durch massiv wirkende Baumaterialien, insbesondere Naturstein, durch an den Bauten

Das »Deutsche Haus« auf der Weltausstellung 1937 in Paris. Entwurf von Albert Speer, 1936/37

Hohe Schule der NSDAP am Chiemsee. Entwurf von Hermann Giesler, 1938

angebrachte große nazistische Symbole wie Hakenkreuze, Adler und Plastiken. Weitere markante Merkmale sind die geringe Verwendung von Glas und leichten Baustoffen, Eckquader, kannelierte Pfeiler und Pilaster, gelegentlich auch Schrägungen des Sockels. *(33)*
Diese Kennzeichen treffen aber nur auf einen kleinen Teil der damals entstandenen Bauwerke zu. Auf eben die Kult-, Partei- und Staatsbauten. Im übrigen besteht eine Kontinuität der Baukultur über das Jahr 1933 und dann auch wiederum über 1945 hinaus. Hitler wollte zwar »mit kältester Überlegung« die Architektur für die Manipulation der Massen benutzen, aber nicht mit einem neuen, eigenen »nationalsozialistischen Baustil« (der konnte in den wenigen Jahren seiner Herrschaft auch gar nicht entstehen). »Es ist überhaupt falsch, von einem zu suchenden neuen Stil zu reden.« *(34)*
Das »Dritte Reich« dauerte zwölf Jahre, davon die Hälfte in der Agonie des Krieges. Da war wenig Zeit zu bauen, obwohl Riesen-Projekte entworfen und zum Teil in Angriff genommen wurden. Die Nationalsozialisten wollten mit der Architektur sehr unterschiedliche Bevölkerungsgruppen ansprechen. Ein einziger Stil und gar noch ein neuer Stil hätte nur Verwirrung gestiftet und Widerspruch hervorgerufen. Statt dessen wurde ein Eklektizismus praktiziert, das heißt eine Auswahl von Stilmerkmalen nach jeweiligen Symbolbedürfnissen. Die vorgefundenen historischen Baustile wurden nebeneinander weiterverwendet, jetzt jedoch programmatisch: Stile wurden in eine hierarchische Ordnung gebracht und bestimmten Bauaufgaben zugeordnet.
Der Architekt und Bauhistoriker Gerhard Fehl *(35)* gibt sechs Stilrichtungen an, die bereits vor 1933 angewandt wurden und auch im »Dritten Reich« im Sinne des »Programmatischen Eklektizismus« Verwendung fanden: An oberster Stelle stand der »Modernismus« für die Kultbauten der Partei – eine Zwi-

Das Zeppelinfeld bei Nürnberg. Entwurf von Albert Speer, 1934/37

schenposition zwischen Moderne und Neoklassizismus mit massiger Struktur, häufig aus Naturstein; fast gleichrangig war der Neoklassizismus für die Staats- und Parteibauten; in der Hierarchie folgten dann drei Stilvarianten des Heimatstils und Traditionalismus für Siedlungsbau und ländliches Bauen; an letzter Stelle stand die Moderne bzw. das, was von ihr übriggeblieben war, sie war vorgesehen für Zweckbauten wie Industrie- oder Sportbauten.
Das eklektische Nebeneinander der Stile wurde durch ihre programmatische Verwendung und absichtsvolle Mischung ersetzt.
Diesen Baustilen wandten sich schon in den zwanziger Jahren bestimmte sozial-kulturelle Gruppen zu, die sich in ihnen repräsentiert sahen, »so neigte – grob gesehen – beispielsweise das deutsch-nationale Kleinbürgertum dem Heimatstil mit steilem Dach, die organisierte Arbeiterschaft dem modernen Stil mit Kubus und Flachdach zu; das liberale Großbürgertum bevorzugte den Modernismus.« *(36)*
Für diese Stile gibt es aus der Zeit vor 1933, aber auch aus der Zeit des »Dritten Reiches« zahlreiche gebaute Beispiele. Die Handhabung der Baustile, der »Programmatische Eklektizismus«, war das eigentlich Neue im Gebrauch der Architektur. Eine Handhabung, die Stile und Bauaufgaben einander zuordnet.
In diese Hierarchie der Stile mußte sich auch das KdF-Bad Rügen einordnen. Keineswegs handelte es sich dabei um einen Kultbau, auch um keinen Bau des Staates oder der Partei oder eine Bauaufgabe, die traditionalistisches Bauen nahelegte, weil das KdF-Bad ja vorwiegend für den Industriearbeiter konzipiert war. Diese Bauaufgabe war nach der Logik

DER
DEUTSCHE
BAUMEISTER

1. JAHRGANG | FEBRUAR 1939 | HEFT 2

Es gibt keine große Epoche im Völkerleben, in der nicht die Interessen der Gemeinschaft ihre überragende Bedeutung durch den sichtbaren Eindruck großer Architekturen anzustreben versucht haben. Die Leistungen und Ergebnisse dieses Strebens aber haben der Menschheit erst den richtigen Gemeinschaftsgeist vermittelt und damit die Voraussetzung für die Schaffung und Erhaltung der menschlichen Kultur gesichert und nicht das emsige Streben nur wirtschaftlicher Interessen nach Gewinn oder Dividenden. Diese große monumentale Betonung der Gemeinschaft hat mitgeholfen, eine Autorität aufzurichten, ohne die es weder eine dauerhafte Gesellschaft noch eine Wirtschaft der Gesellschaft geben könnte. Ob diese Autorität nun ihre Wurzel in religiösen Institutionen oder in weltlichen fand, ist dabei einerlei. Die Autorität, die jedenfalls das deutsche Volk im 20. Jahrhundert vor dem Zusammenbruch gerettet, es vor dem Chaos des Bolschewismus zurückgerissen hat, ist nicht die eines Wirtschaftsverbandes, sondern die der nationalsozialistischen Partei und damit des nationalsozialistischen Staates! Die Gegner werden es ahnen, aber vor allem die Anhänger müssen es wissen:
Zur Stärkung dieser Autorität entstehen unsere Bauten! Dieser Autorität soll nützen, was Sie hier in dieser Stadt sich erheben sehen, was in Berlin und München, in Hamburg und anderen Orten in der Planung begriffen und zum Teil schon zur Ausführung reif ist oder schon jetzt vor Ihnen fertig aufgerichtet steht! Dies ist die Tendenz, die diesen Bauwerken zugrunde liegt! Und weil wir an die Ewigkeit dieses Reiches — soweit wir in menschlichen Maßen rechnen können — glauben, sollen auch diese Werke ewige sein, das heißt, sie sollen nicht nur in der Größe ihrer Konzeption, sondern auch in der Klarheit ihrer Grundrisse, in der Harmonie ihrer Verhältnisse ewigen Anforderungen genügen.

Adolf Hitler, Rede auf der Kulturtagung des Reichsparteitages 1937

Moderner Industriebau: Opelwerk in Brandenburg. Entwurf von Heinrich Bärsch, 1936/37

der Nazis als Zweckbau der Moderne vorbehalten.
Einen allgemeinen Bruch in der Kontinuität der deutschen Baukultur gibt es nicht. »Die Nazi-Propaganda ... vernichtet nur besonders gründlich das Bewußtsein dieser Kontinuität.« *(37)*
Der Neoklassizismus und auch der »Modernismus« als die moderne Variante des Klassizismus erschienen bereits vor und während des ersten Weltkriegs als wichtige Alternative zu dem überladenen Eklektizismus der Wilhelminischen Zeit. Der Klassizismus vereinigt Pathos und Strenge und erschien geeignet als Ausdruck von Macht und Stärke. In den zwanziger Jahren wurde er von einer weiten Öffentlichkeit als Alternative zur avantgardistischen Moderne angesehen, der Moderne, der man ungerechtfertigterweise ungenügende Ausdruckskraft nachsagte. Der Neoklassizismus trat weltweit auf – so in den USA, in der UdSSR, in Frankreich und Skandinavien – und war die konservative Alternative zur Moderne.
Auch nach dem Zusammenbruch des »Dritten Reiches« gab es kaum eine Umkehr. So teilt der Bauhistoriker Werner Durth eine Notiz der Neuen Bauwelt von 1952 mit, in der es heißt: »Professor Schulte-Frohlinde war nach dem Kriege in seine Heimatstadt Bremen zurückgekehrt und leitete dort als erster Vorsitzender die Landesgruppe des BDA. In Bremen sieht man, wie wir hören, den markanten Vertreter eines mit Neoklassizismus gemischten Heimatstils ungern scheiden.« *(38)*
Anders und auch wieder ähnlich im Osten, in der DDR. Hier schrieb der in der Sowjetunion geschulte Architekt Kurt Liebknecht 1951 im Rahmen der russischen Kulturkampagne gegen moderne Kunst: »Die letzte Architekturepoche in Deutschland, deren Bauwerke eine starke künstlerische Idee trugen und die zur gleichen Zeit ihren Zweck erfüllten, war der Klassizismus. Er erreichte bei uns wie in allen Ländern Europas eine hohe künstlerische Stufe. Das war kurz nach der französischen Revolution, als das demokratische Bürgertum Front gegen den Absolutismus machte.« Und gegen die Moderne gewandt fährt er fort: »Diese Architekturströmung, Funktionalismus, Konstruktivismus, die ›neue Sachlichkeit‹ oder auch Bauhausstil genannt, war zwar noch mehr als der Jugendstil eine Reinigungsaktion, aber sie hatte ebensowenig wie die vorangegangenen Bauepochen etwas mit wirklicher Kunst zu tun.« *(39)*
Die in der Weimarer Republik von den Nationalsozialisten so erbittert als »Baubolschewismus« bekämpfte Moderne – schon vor 1933 wurde das Bauhaus durch Angriffe der NSDAP und der Konservativen aus Weimar und später aus Dessau vertrieben – nahm zwar in der theoretischen Architektur-Diskussion einen breiten Raum ein, war aber ständigen Angriffen nicht nur der Nationalsozialisten ausgesetzt und verlor ihre wesentliche Basis, als die Notstandsregierung Brüning 1931 das Wohnungsbauprogramm abbrach. An tatsächlich ausgeführten Bauten der Moderne ist relativ wenig entstanden. Es überwog Traditionalisti-

sches aus der Zeit vor dem Ersten Weltkrieg.
Die nazistische Kulturpolitik hat dann zu einem nie gekannten Exodus von Künstlern und Wissenschaftlern, auch von Architekten geführt. Die führenden Vertreter des deutschen Kulturlebens und der deutschen Kunst wurden entlassen und vertrieben. Schon vor 1933 hatten viele Repräsentanten des »Neuen Bauens« Deutschland verlassen, so Ernst May, Grete Schütte-Lihotzky, Mart Stam, Hannes Meyer. Nach der »Machtergreifung« folgten Erich Mendelsohn, Julius Posener, Bruno Taut, Martin Elsässer, Martin Wagner; Hans Poelzig verstarb vor seiner vorgesehenen Abreise, auch Walter Gropius und Mies van der Rohe gingen ins Ausland.
Trotzdem hat die architektonische Moderne auch unter dem Hakenkreuz überlebt, dabei allerdings Modifikationen erfahren, die nach dem Krieg in den Bauwirtschafts-Funktionalismus mündeten. Der Nationalsozialismus als prinzipiell antimoderne Bewegung bediente sich pragmatisch auch der Formen der ästhetischen Moderne, wo es seinen Zielen dienlich schien.
Die Moderne, der Bauhausstil, die »vielleicht wichtigste Periode unserer deutschen Architekturgeschichte, die einzige Periode, in der Deutschland einen eigenen Stil schuf« *(40)* – Deutschland hat es dieser bedeutenden geistigen und künstlerischen Bewegung wenig gedankt. Bald wurde sie mit dem industrialisierten Plattenbau in Verbindung gebracht. Die Postmoderne entfaltete sich. Erst in den neunziger Jahren beginnt ein Rückbesinnen auf die Moderne, international mit Ausstellungen oder mit den Überlegungen in Berlin, ob man den Entwurf eines gläsernen Hochhauses Mies van der Rohes von 1921 – gewissermaßen eine Metapher des modernen Bauens – jetzt noch realisieren sollte, was gewiß auch kommerzielle Gründe hat.
Viele Kontinuitäten über die Jahre 1933 und 1945 hinaus sind erkennbar.
Festzuhalten bleibt: Die Kontinuität der deutschen Baukultur wurde durch das »Dritte Reich« nicht unterbrochen, sie wurde jedoch modifiziert; beeinflußt wurde insbesondere auch die architektonische Moderne. Die »Neue Deutsche Baukunst« hat nicht stattgefunden. Die »Architekturtheorie« des Nationalsozialismus war »ein Konglomerat aus verschiedenen konservativen Architekturströmungen der zwanziger Jahre«. *(41)* Es gibt über das Jahr 1933 hinweg Kontinuität der Baukultur sowohl personell als auch in Stil und Ausdruck.
Allerdings ist, dem absoluten Machtanspruch der Nationalsozialisten entsprechend, ein Charakteristikum vieler Bauwerke des »Dritten Reiches« die bauliche Megalomanie – nicht mehr der Einzelmensch ist der Maßstab, sondern die Masse oder der durch Dekoration und Kulisse überhöhte Führer. Alles ist gewissermaßen überlebensgroß – und damit entpersönlichend. Vom menschlichen Maßstab wird bewußt abgewichen, auf den einzelnen kommt es nicht mehr

Eigenheimsiedlung des Bochumer Vereins. Siedlungsplanung, wie sie auch in den zwanziger oder fünfziger Jahren hätte entstehen können

an, nur noch auf die Masse der »Gefolgschaft«. Hermann Rauschning, der ehemalige Danziger Senatspräsident, gibt eine Äußerung Hitlers so wider: »In meinen Bauten stelle ich dem Volk meinen zum sichtbaren Zeichen gewordenen Ordnungswillen hin. Von den Bauten überträgt sich der Wille auf den Menschen selbst. Wir sind von den Bauten abhängig, in denen wir arbeiten und uns erholen. Nur an der Größe und Reinheit unserer Bauten ermißt das Volk die Größe unseres Willens. Es wäre das Falscheste, was ich hätte tun können, mit Siedlungen und Arbeiterhäusern zu beginnen.« *(42)*
Tatsächlich stagnierte der Wohnungsbau im »Dritten Reich« und erreichte nicht mehr den Umfang wie zeitweise in der Weimarer Republik.
Eine besondere Rolle für die Selbstdarstellung des »Dritten Reiches« war wohl der von Hitler entworfenen »Großen Halle« in Berlin zugedacht, einer Kuppelhalle von 250 Metern Durchmesser, die an der neugeplanten Nord-Süd-Achse gebaut werden sollte, – gewissermaßen ein Kultbau des Nationalsozialismus. *(43)* Wie Speer mitteilt, schwärmte Hitler »davon, daß ein kleiner Bauer irgendwo aus der Provinz nach Berlin kommt, in die ›Große Halle‹ tritt und von ihrem Eindruck einfach zerschmettert wird«. *(44)* Diese bauliche Megalomanie, die ständige Jagd nach Extremen – auch nach dem »größten Seebad der Welt« – findet man, trotz aller Kontinuität der Baukultur und der angewandten Baustile, an einer Vielzahl von Bauten und Projekten des »Dritten Reiches«. Sie ist ein deutlicher Ausdruck totalitären Anspruchs.
Die »Deutsche Arbeitsfront« und in ihr die Organisation »Kraft durch Freude« schufen sich eigene Bauabteilungen. Die Bauabteilung der Arbeitsfront in Berlin, auch für das KdF- Bad Rügen verantwortlich, beschäftigte eine Anzahl von ehemaligen Mitgliedern des Deutschen Werkbundes. So kann angenommen werden, daß die Bautätigkeit der KdF »Nische für manche offiziell unerwünschte Stilrichtung« war. *(45)*
Die Propaganda des »Dritten Reiches« hat sich offenbar tief in das Bewußtsein der Europäer eingeprägt. Alles, was in der NS-Zeit gebaut wurde, wird schnell als Nazi-Architektur abgetan, von der man immer noch unheilsame Wirkungen befürchtet und die am besten entfernt wird. Die Schrecken, die der Nationalsozialismus mit seinen Verbrechen und seiner Katastrophenpolitik über die Welt gebracht hat, äußert sich in Aversionen gegen überkommene historische Bausubstanz aus der NS-Zeit. Es wird dabei häufig übersehen, daß historische Dokumente ihren kulturgeschichtlichen Wert haben, gleich aus welcher Zeit sie stammen und mit welcher Ideologie sie verbunden waren. Im übrigen setzen selbst die im besonderen Maß im Sinne der nationalsozialistischen Ideologie gestalteten Partei- und Staatsbauten – der »gebaute Faschismus« – zur fortgesetzten Verbreitung ihrer Botschaften eine gesellschaftliche Übereinkunft über die Bedeutung architektonischer Ausdrucksmittel voraus. Sie sind also nicht automatisch ewig weiterwirkende Sender dieser Botschaften, die »abgestellt werden« müßten. *(46)*
Gleich nach dem Krieg säuberten alliierte Sprengkommandos die gebaute Umwelt. Noch Ende der achtziger Jahre wurden in der DDR Teile des Führerbunkers und Reste der Reichskanzlei gesprengt und mit Wohnungen überbaut. Dabei wäre gerade dieser Ort, an dem die finsterste deutsche Geschichtsperiode endete, für das Bewußtmachen und Bewältigen dieser Geschichte von größter Bedeutung gewesen. Vergessen und Verdrängen der Geschichte – in Deutschland ein sich fortsetzender Prozeß, ein Trauma. Der Umgang mit Orten dunkelster Seiten der Vergangenheit zeigt den Grad der Reife einer Gesellschaft. Diese historische Reife ist in Deutschland zu keiner Zeit erreicht worden.

KdF-Reisen und KdF-Seebäder als Vorläufer des modernen Massentourismus

Die KdF-Seebäder reihen sich ein in das vielfältige Spektrum nationalsozialistischer Propaganda: neugebaute Seebäder für das Volk, große Seebäder, überdimensionale Seebäder, Seebäder für 20 000 Menschen. Robert Ley in einem Vortrag 1936: »Die Idee des Seebades ist vom Führer selbst. Da der deutsche Arbeiter sich in den vorhandenen Bädern nicht vollständig wohlfühlt, soll hier ein neues Riesenseebad mit 20 000 Betten errichtet werden. Diese Anlage müsse das Schönste werden, was man sich denken könne, und der schöpferischen Phantasie des Baukünstlers würden bei dieser Aufgabe keine Grenzen gesetzt.« *(47)*

Die KdF-Seebäder wurden durch die NS-Propaganda sozial und populistisch gedeutet: »Und so sicher es ist, daß zu den ersten Richtkronen vom September und Oktober 1938 in Kürze von allen Wohngebäuden die bunten Bänder im frischen Seewind wehen werden, so sicher ist es auch, daß bald Zehntausende von Menschen hier in diesem herrlichen Winkel der schönsten Ostsee-Insel wieder zu Menschen werden, die sich freuen können, die baden und promenieren, durch die Wälder streifen, Theater besuchen und jede Geselligkeit und Kurzweil pflegen können, wie früher nur die wenigen Volksgenossen, denen ein hohes Einkommen eine solche Erholung gestattete. Und so entsteht hier ein gewaltiges soziales Werk, wie es die ganze Welt nicht kennt, und ein Glücksgefühl befällt alle die, denen früher marxistische Hetzer vorgaukelten, daß sie »Enterbte« dieser Erde seien ... Das ist das Glücksgefühl, das jeder empfindet, der, wo immer es auch sei, Mitvollender einer Idee ist, die Gutes schafft.« *(48)*

Bis ins einzelne wird das Urlaubmachen in diesem »Seebad des deutschen Arbeiters« schmackhaft gemacht: Kost, Unterkunft, Badeanzug, Badetuch, Strandkorb – alles sollte nur zwei Reichsmark pro Tag kosten. Der Arbeiter würde hier »nichts vermissen«, sondern »fühlen, daß ihm alle Freuden des Lebens zugänglich sind.« *(49)*

Ende Juli 1935 wurde durch das Pressereferat des Reichsorganisationsleiters Ley gemeldet, daß fünf dieser großen Bäder gebaut werden. Eineinhalb Millionen Menschen würden jeweils zehn Tage untergebracht werden können. Das erste dieser KdF-Bäder sollte auf der »Schmalen Heide« von Rügen, zwischen dem Ostseebad Binz im Süden und dem Dorf Neu-Mukran im Norden, entstehen. Weitere waren vorgesehen: in Kolberg, am Timmendorfer Strand und in Ostpreußen.

Zu diesem Zeitpunkt wurde im Münchner Atelier des Architekten Clemens Klotz schon mit Hochdruck an den Entwürfen für das KdF-Seebad Rügen gearbeitet.

Die KdF-Bewegung war die Geburt des Massentourismus. Der KdF-Massentourismus hat gemeinsames mit der modernen Tourismus-Industrie. Das eine war allerdings ein gesellschaftspolitisches Projekt, das andere ist eher ein wirtschaftliches Phänomen.

Charakteristisch für den KdF-Tourismus, auch für das »Seebad der 20 000 auf Rügen« war die spartanische Einfachheit der vorgesehenen Urlaubsquartiere. 1937 wurde über das KdF-Seebad Prora geschrieben: »Die Ausstattung der Räume wird einfach, aber modern sein. Sämtliche Schlaf- und Wohnräume sind seewärts gerichtet, haben eine Größe von 2,2 x 4,75 Metern und fassen zwei Betten, Waschtisch mit fließen-

KdF-Fahrzeuge des Propaganda-Amtes der Deutschen Arbeitsfront

»Deutsche Menschen« stärken ihre Nerven für die bevorstehenden »Stürme des Lebens« – KdF-Werbung 1938

dem Wasser, Kleiderschrank und eine Wohnecke mit Tisch, Stühlen und gepolsterter Liege. Alle Räume werden mit Zentralheizung ausgestattet sein. Tagescafé und Terrassen, Schreib-, Lese- und Spielräume, Kegelbahnen, Billardraum und überdeckte Liegehallen sorgen dafür, daß man dieses Bad ohne Zweifel als ein Seebad ersten Ranges ansehen kann und berechtigt ist, es als eines der modernsten zu bezeichnen, die je errichtet wurden.« *(50)*
Die Ansprüche an Urlaubsquartiere haben sich seither verändert. Der Standard lag damals allgemein niedriger, aber auch heute noch entschließen sich viele Menschen, in einfachen Quartieren zu leben, wenn diese in einer schönen Landschaft liegen, in der man ohnehin den Tag verbringt.
Ein Urlaubskomplex für 20 000 Menschen hätte 1936 eine unerhörte und bis dahin unbekannte Zusammenballung dargestellt. Der moderne Massentourismus hat inzwischen größere Konzentrationen hervorgerufen. Jedes Jahr werden an einigen wenigen schönen Stränden viele Millionen Menschen zusammengebracht. Im Vergleich zu diesen Konzentrationen wirkt die vorgesehene Menschenansammlung im KdF-Bad noch relativ locker und weiträumig. Für manchen ist das Untertauchen und Aufgehen in einer großen Menschenmenge sogar ein Bedürfnis. Auch ist eine gewisse Zusammenfassung der Touristenströme aus ökologischen Gründen wohl wünschenswert, weil andere Teile der Natur, der Umwelt, dadurch ganz verschont werden können. Trotzdem werden grundsätzliche Einwendungen gegen den Massentourismus erhoben. *(51)*
Bereits in den dreißiger Jahren gab es berechtigte Kritik gegenüber einer solchen Form des Massenurlaubs, auch wenn dies in den Zeitungen nur indirekt zum Ausdruck kam. Die Journalisten betonten in ihren Meldungen und Berichten zum KdF-Bad immer wieder, wieviel Platz der einzelne am Strand der Prorer Wiek und in den Wäldern der Schmalen Heide letztlich doch hätte. Dabei erwiesen sie sich auch als tolle Rechenkünstler: »Der Strand ist etwa acht Kilometer lang und hat eine Tiefe von ungefähr fünfhundert Metern. Jeder der (20 000, J. R.) Badegäste hat also eine Strandfläche von fünf Quadratmetern zur Verfügung, falls er es nicht vorziehen sollte, sich im Wasser zu tummeln. Wer der berechtigten oder vermeintlichen Ansicht sein sollte, er sei nervös, der mag zur Kenntnis nehmen, daß das einzigartige Seebad von einem Wald riesenhaften Ausmaßes umschlossen ist, so daß der Gesamtumfang der Anlage rund 3 500 000 Quadratmeter erreicht und auf jeden einzelnen Besucher für die Zeit seines Aufenthaltes 175 Quadratmeter kommen dürften.« *(52)*

Der neuentwickelte Volkswagen wird propagandistisch der KdF zugeordnet

Wir fahren

mit dem KdF.-Wagen

Ein technisches und sozialistisches Wunder

Der Auftrag, eine Reportage über den Volkswagen zu schreiben, gehörte wohl zu den schönsten, die wir bisher in unserer Berufszeit erhalten haben. War er doch mit der Erlaubnis verbunden, in dem Wagen, von dem heute jeder Volksgenosse spricht, zu fahren und so schon jetzt seine Gangart auszuprobieren. Unsere Gedanken, Wünsche und Hoffnungen, die nun schon seit Monaten sich vermehrt um den Volkswagen bewegen, sind dieselben wie die von Millionen Volksgenossen, die auch eisern sparen wollen, um nach wenigen Jahren in den Besitz eines eigenen Wagens zu kommen. Nun sollte uns Gelegenheit gegeben werden, selbst einmal über die Verwendungsmöglichkeit und die vielseitige Gebrauchsfähigkeit des Wagens ein eigenes Urteil abzugeben. Wir sind keine Fachleute, verstehen vom Fahren und von der Behandlung eines Wagens auch nicht viel mehr als jeder andere Volksgenosse, und wir haben wie jeder andere genau so die Ohren aufgesperrt, wenn „Kenner" reden, und haben dann nach unserer laienmäßigen Auffassung festgestellt: Der KdF.-Wagen verspricht mehr als die kühnsten Träume.

Wer einmal eine schöne KdF.-Reise angetreten, dafür 50 oder gar 100 RM gespart hat, wer alle die schönen und bleibenden Eindrücke dieser Reise in sich aufnehmen konnte, der hat oft gedacht: Ach, wenn ich doch jetzt meine Mutter, meinen Vater, die Schwester oder gar die Braut bei mir hätte. Wenn sie auch alles dieses miterleben könnten, dann wäre die Ferienfahrt mit „Kraft durch Freude", dieses erste große Erlebnis, noch einmal so schön.

Nun, der KdF.-Wagen wird dem deutschen Volksgenossen diese letzte und doppelte Freude des gemeinsamen Erlebnisses vermitteln und nicht nur dem stolzen Wagenbesitzer, sondern auch Millionen anderer Volksgenossen die Schönheit des deutschen Vaterlandes erschließen. Aber nicht allein darin liegt der ideelle Wert des Volkswagens. Denken wir einmal daran, daß unendlich viele Volksgenossen aus östlichen Gebieten Deutschlands von denen im Westen unseres Vaterlandes wenig oder gar nichts wissen. Genau so wenig die im Norden und Süden. Der Volkswagen wird also den Raum überwinden, die Menschen einander näherbringen, sie werden ihre Eigenarten, ihre Sitten und Bräuche, ihr Volkstum kennenlernen, Gedanken austauschen können, sie werden von der wirtschaftlichen Lage anderer Gebiete durch eigene Anschauungen die unentbehrlichen Erfahrungen sammeln, die der Mensch schließlich braucht, um in seiner Heimat für das gesamte Volk seine ganzen Kräfte einzusetzen. Denn die Erfahrung lehrt: Die Ferien sind schön, die fremde Landschaft und die Sitten und Bräuche anderer Menschen üben auf den Besucher wohl für Wochen einen gewissen Neuigkeitsreiz aus. Doch wenn er dieses Erlebnis verarbeitet hat, dann freut er sich wieder auf seine Heimat, auf die Umgebung, in der er wohnt und arbeitet, und dann setzt der Mensch schon aus Liebe zu dieser Heimat seine ganze Arbeitskraft ein und erkennt im übrigen auch die Leistungen der Menschen an, die zehn und mehr Fahrstunden, ein oder zwei Tagesreisen mit dem Volkswagen von seiner Heimat entfernt schaffen.

Der »KdF-Wagen« sollte ein Massenerzeugnis und damit auch ein Vehikel des Massentourismus werden. Titelseite des »Arbeitertum«, September 1938

Es sind nicht die großen Gebäude, die das Kritikwürdige der KdF-Seebad-Projekte ausmachen. Große Hotelbauten gibt es inzwischen genug. So ist beispielsweise die spanische Mittelmeerküste höher, amorpher und massiver bebaut, bis hin zum Nichtfunktionieren. Die Megalomanie des KdF-Bades Rügen, seine Monumentalität und überwältigende Größe, waren kennzeichnend für zahlreiche Bauvorhaben im »Dritten Reich« – doch nie zuvor gab es auf Rügen derartig hohe und große Häuser. Auch dagegen kam Kritik auf, worauf indirekt der »Völkische Beobachter« einging: »Die Wipfel des Mischwaldes überragen die sechsgeschossigen Unterkunftshäuser. Völlig abwegig ist es also, von ›Hochhäusern an der Ostsee‹ zu sprechen. Gewiß, die einzelnen Bauwerke sind, im einzelnen betrachtet, höher, als sie sonst auf Rügen üblich sind. Aber durch ihre große Ausdehnung – insgesamt weist die Baufront eine Länge von 5,5 Kilometern auf – wirken sie bedeutend niedriger und liegen im Hochwald eingebettet.« *(53)* Jedenfalls schließt die Größe der Häuser nicht aus, sie für eine offene, demokratische Gesellschaft in geeigneter Weise zu nutzen.

Die Zerstörung des Naturschutzgebietes, die mit dem Bau einherging, durfte öffentlich nicht kritisiert werden, wurde dann aber öffentlich dementiert: »Nicht etwa, daß die Gegend, die schöne Naturlandschaft der Insel Rügen dadurch beeinträchtigt, vielleicht sogar verschandelt wird.« *(54)* Die Zerstörung von Naturschutzgebieten ist kein nationalsozialistisches Spezifikum; gerade an der Prorer Wiek wurde sie nach dem »Dritten Reich« fortgesetzt: Zu DDR-Zeiten entstand hier ein großer Fährhafen, und in der vereinigten Bundesrepublik Deutschland drohte im Jahr 1992 der Bau einer Großwerft in unmittelbarer Nähe dieser sensiblen Stelle.

Nicht mangelhafter Komfort, nicht die Konzentration von Menschen, nicht monumentale Bauwerke und auch nicht die Zerstörungen der Natur machen letztlich den besonderen nationalsozialistischen Charakter des KdF-Bades aus.

Das Spezifische liegt in der Zwecksetzung des Vorhabens: Arbeiter und »weniger bemittelte Schichten« sollten von ihren sozialen und wirtschaftlichen Problemen abgelenkt werden. Um die äußere Aggression ungestört vorbereiten zu können, mußte der innere Frieden geschaffen werden.

Die Art Massentourismus, die den Nazis vorschwebte, besetzte zunächst ein massenhaftes Bedürfnis, das außerhalb der KdF gar nicht mehr befriedigt werden konnte, denn die Nazis hatten bald nach ihrer Machtübernahme die Gewerkschaften und Arbeitervereine zerschlagen, in denen sich die Arbeiter in den zwanziger Jahren sehr souverän und produktiv ihre Freizeit und ihre Erholung gestaltet hatten. Damit waren sie dieser Möglichkeiten beraubt. Ein Tarifdiktat nahm den Arbeitern die Chance, aus eigener Kraft und mit eigenen Mitteln Urlaubsreisen zu finanzieren. Urlaub und Erholung aber waren notwendig, um die intensiven Anforderungen an die Arbeitskraft durch die Aufrüstung zu kompensieren und auch um die »Nerven des Volkes« für den nächsten Krieg zu stählen. Ley erklärte deshalb immer wieder: »Wir verloren den Krieg, weil wir die Nerven verloren haben. Deshalb will der Führer, daß der nationalsozialistische Staat sich diese Erkenntnis immer vor Augen hält und dafür sorgt, daß die Nerven des Volkes gesund und stark erhalten bleiben.« *(55)*

Das »Volk« zu erreichen erschien nur möglich, wenn tatsächlich Millionen sich erholten, wenn dementsprechend also auch Riesen-Seebäder gebaut würden.

Insgesamt sind etwa 690 000 Menschen mit der KdF-Flotte verreist. Uniformen überwiegen, Arbeiter als Teilnehmer sind unterrepräsentiert und haben schließlich nur noch Alibi-Funktionen. Titelseite des »Arbeitertum«, Juni 1936

Noch deutlicher wird der spezifische Charakter des KdF-Massentourismus durch die vorgesehene Nutzung und Benutzung der KdF-Bäder. Die Planungen dafür sind eine Facette in dem umfassenden Bemühen des »Dritten Reiches«, das Volk zu einer gleichgeschalteten, gehorsamen Masse umzuformen, sie dienten der Entpersönlichung und der Manipulation. Ley selbst hat in schönster Offenheit Sinn und Ziel von Arbeitsfront und KdF deutlich ausgesprochen: Die größten Verdienste hätten Arbeitsfront und KdF, weil sie »das Volk zusammenfassen« können in der »Masse und auch dahin führen, wo sie es hinhaben« wollen. Die Arbeitsfront müsse das Wollen des Führers dem Volk übermitteln. Hitler habe – so Ley – immer wieder auf Führertagungen gesagt: »Meine Führer, Sie

»Zum ersten Mal auf See«. Auf dem Promenadendeck der Monte Olivia auf dem Weg zum Ärmelkanal am 3. Mai 1934

müssen einmal dahin kommen, daß Sie mir vom Munde ablesen, was ich will, daß Sie diese Gedanken dann dem Volk in klarster Weise übermitteln, daß man befähigt ist, sein eigenes Denken einfach zu unterbinden, und so befähigt ist, die Gedanken des Führers zu seinen eigenen zu machen, und zwar vollkommen, daß es auch nicht vorkommt, daß eine einzige Idee da hervorspringt, sondern daß man diese Gedanken des Führers in klarster Weise weitergeben kann.« *(56)* Das sollten Arbeitsfront und KdF leisten.

Das Volk mußte im nationalsozialistischen Sinn erzogen werden, ihm wurde die Mündigkeit abgesprochen. »Unser Volk ist ein Kind ..., es ist noch jung in seinem Denken.« *(57)*

Der nationalsozialistische Staat wäre ein Erziehungsstaat. »Und so fangen wir schon beim Kinde von drei Jahren an, sobald es anfängt zu denken, bekommt es schon ein Fähnchen zu tragen. Alsdann folgt die Schule, die Hitlerjugend, die SA, der Wehrdienst. Wir lassen den Menschen nicht los, und wenn das alles vorbei ist, kommt die Arbeitsfront und nimmt die Menschen immer wieder auf und läßt sie nicht los bis zum Grabe, mögen sie sich auch dagegen verwahren.« *(58)*

Der Demagoge Hitler kannte die Beeinflußbarkeit von Menschenmassen genau, hatte er sie doch bei seinen Massenauftritten erfahren und studiert. »Die Gemeinsamkeit der großen Kundgebung aber stärkt nicht nur den einzelnen, sondern sie verbindet auch und hilft mit, Korpsgeist zu erzeugen ... Wenn er aus seiner kleinen Arbeitsstätte oder aus dem großen Betrieb, in dem er sich recht klein fühlt, zum ersten Male in die Massenversammlung hineintritt und nun Tausende und Tausende von Menschen gleicher Gesinnung um sich hat, wenn er als Suchender in die gewaltige Wirkung des suggestiven Rausches und der Begeisterung von drei- bis viertausend anderen mitgerissen wird, wenn der sichtbare Erfolg und die Zustimmung von Tausenden ihm die Richtigkeit der neuen Lehre bestätigen und zum erstenmal den Zweifel an der Wahrheit seiner bisherigen Überzeugung erwecken – dann unterliegt er selbst dem zauberhaften Einfluß dessen, was wir mit dem Wort Massensuggestion bezeichnen. Das Wollen, die Sehnsucht, aber auch die Kraft von Tausenden akkumuliert sich in jedem einzelnen.« *(59)*
Hitler kannte Le Bons »Psychologie der Massen« und nutzte die psychologische Einsicht, daß der einzelne in der Masse, in einer geschlossenen, überzeugten Gefolgschaft viel leichter verführt und beeinflußt werden kann. Überzeugen wollte er nicht über den Intellekt, sondern mit emotionalen Mitteln, mit akustischen, optischen, sensuellen Signalen, mit Musik, Fahnen, Symbolen, Beifallsstürmen, durch Architektur, Scheinwerferlicht, demagogische Reden. So etwas kann nur praktiziert werden, wo Massen zusammenkommen, auch im Urlaub. Und auf diesen Zweck war die Planung des Seebades Rügen auch orientiert. »Jede Hausgemeinschaft erhält einen Gemeinschaftsbau ... Um die große Einheit der Urlaubergemeinschaft praktisch und sinnfällig sichtbar werden zu lassen, erhält die Anlage als Mittelpunkt eine große Gemeinschaftshalle, in der gleichzeitig alle Besucher des Seebades zu großen Gemeinschaftsveranstaltungen versammelt werden können.« *(60)* Leicht kann man sich vorstellen, was in solch einem Seebad an Appellen, Morgensport, Versammlungen, Beschallung durch den Zimmerlautsprecher, an politischer Propaganda und an Bespitzelungen ablaufen sollte.
Die Architektur zusammen mit der Organisation ihrer Nutzung fügte sich nun auch im Urlaub zu einem ideologischen Raster, zu einer von außen kommenden Strukturierung des Lebens. Die Freizeit sollte paramilitärisch auf die höchsten NS-Tugenden »glauben, gehorchen und kämpfen« ausgerichtet werden. Die Kunsthistorikerin Hildegard Brenner schreibt: »Gleich einer permanenten Ausstellung wirkten sie ... Seine politisch-soziale Rolle wurde dem ›Volksgenossen‹ ständig vor Augen gehalten und, da keinerlei Gegenimpulse wirksam werden konnten, definitiv zugeschrieben ... Keine mobilisierenden Effekte ... lösten diese nationalsozialistischen Führungsformen aus. Sie forderten Einordnung, Unterwerfung, Gehorsam. Furcht und Faszination waren die heute noch nachvollziehbaren und im einzelnen oft sorgsam kalkulierten Wirkungen ... « *(61)*
Die NS-Gemeinschaft »Kraft durch Freude« war zu ihrer Zeit der größte Reiseveranstalter der Welt. Etwa 10 Prozent des deutschen Reiseverkehrs wurde von ihr bestritten, sie hatte das Monopol für billige Pau-

KdF-Urlauber in Pompeji

schalreisen in Deutschland. Die anfänglich, etwa 1934, dominierende Zielgruppe »Arbeiter« wurde von 1938 an mehr zurückgedrängt, KdF-Reisen wurden teurer, Bonzen und Mittelständler besetzten die besseren Reisen. Wenn auch die Arbeiter nicht gleichberechtigt an den KdF-Reisen partizipierten, so war doch etwas in Bewegung geraten, ein bisher unerreichbares Gut kam auf einmal in greifbare Nähe, eine Hemmschwelle wurde abgebaut, der Boden für den Nachkriegs-Massentourismus war bereitet. Mit dem KdF-Urlaub wurde eine Tür aufgestoßen, die dann auch nicht mehr zu schließen war. Einem Massenbedürfnis nach Teilhabe am bürgerlichen Privileg des Reisens wurde entsprochen. Es begann die mittelständische Massenkultur des Tourismus, aus dem Tourismusgewerbe wurde eine Industrie. Ein neuer, vorher gänzlich unbekannter Reisestil entwickelte sich, ein Surrogat der bürgerlichen exklusiven Urlaubsreise.
Das KdF-Bad auf Rügen kann als Prototyp für einen perfekt organisierten Pauschal-Urlaub mit pausen- und lückenloser Betreuung und Unterhaltung angesehen werden – Urlaub total! Der Massentourismus war geboren.

KdF-Oasenrundfahrt in Nordafrika

Der Architekt Clemens Klotz und der Wettbewerb von 1936

Der Architekt Clemens August Klotz (1886-1969) wurde in Köln geboren und bildete sich, wie damals üblich, in Architekturbüros in Köln und in Dresden praktisch zum Architekten aus. 1911 ließ er sich in Köln als Privatarchitekt nieder. Köln und die nähere Umgebung waren sein Haupttätigkeitsfeld. Mit einer Unterbrechung im ersten Weltkrieg arbeitete er hier an Wohnungsbau-Projekten, Ein- und Zweifamilienhäusern, aber auch mehrgeschossigen Wohnhäusern sowie Büro- und Geschäftsbauten. Klotz wurde Mitglied des Deutschen Werkbundes und gründete mit anderen Kölner Architekten 1928 den »Block Kölner Baukünstler«, der für das moderne Bauen in der Region eintrat. *(62)*

Clemens Klotz entwickelte einen eigenen architektonischen Ausdruck, der Elemente der Moderne – schiffsartige, abgerundete Baukörper, flache Dächer, runde Fenster und lange Fensterbänder – mit lokalen Stilmitteln verband. Seine wichtigsten Aufträge in den zwanziger und Anfang der dreißiger Jahre erhielt er von der Stadt Köln: den Bau des Kölner Wasserwerkes und des Opernrestaurants. Damals hatte Klotz schon ein großes Architekturbüro in Köln.

Anfang der dreißiger Jahre machte er die Bekanntschaft von Robert Ley, seit 1925 »Gauleiter« der NSDAP im Rheinland, später »Reichsorganisationsleiter« der NSDAP und Leiter der Deutschen Arbeitsfront. Klotz lernte Ley durch die Vermittlung seines Schulfreundes Heinrich Simon kennen, einen exponierten Kölner Nationalsozialisten und Mitinhaber der Installationsfirma Muth & Co, die später auch den Auftrag für die gesamten Installationen im KdF-Bad Rügen erhielt. *(63)* Die Bekanntschaft mit Ley wurde für das weitere Leben von Clemens Klotz bestimmend. Am 1. Mai 1933 trat er in die NSDAP ein, nachdem er bereits 1930 von der Partei, die damals einen ersten Wahlerfolg in Thüringen erreicht hatte, für die Stelle des Direktors der Hochschule für Baukunst in Weimar vorgeschlagen worden war, die er dann aber nicht annahm. Statt seiner übernahm der Architekt Schultze-Naumburg – einer der betriebsamsten Vorkämpfer der Nazis, ein Aktivist im nationalsozialistischen »Kampfbund für deutsche Kultur« Alfred Rosenbergs – diese Direktorenstelle. Zu dessen ersten Amtshandlungen gehörten die Entlassung aller namhaften Lehrer und die Zerstörung der Wandfresken des Bauhaus-Meisters Oskar Schlemmer im Van-de-Velde-Bau der Hochschule.

Unmittelbar nach der »Machtübernahme« 1933 wurde Klotz, offenbar durch die persönlichen Beziehungen zu Ley, zum »Architekten der Reichsleitung für die Errichtung der Schulungsbauten der NSDAP und der Deutschen Arbeitsfront« erklärt; später erhielt er Titel wie »Architekt der Reichsleitung der NSDAP« und »Vertrauensarchitekt der Deutschen Arbeitsfront«. Ihm wurde in der NS-Zeit von Berufskollegen Opportunismus vorgeworfen. Andrerseits hat er sich für den in politische Bedrängnis geratenen Architekten Wilhelm Riphahn erfolgreich bei Goebbels verwendet. In einer Dissertation über Clemens Klotz heißt es, daß bei Recherchen für »beste Beziehungen« zwischen Goebbels und Klotz »keinerlei Hinweise« gefunden wurden. *(64)*

Durch Ley wurde Klotz mit Hitler bekannt, auf dessen Rat hin er 1935 in München ein zweites Büro einrichtete. 1936 hatte er sowohl in Köln als

Die »Ordensburg« Vogelsang in der Eifel, Architekt Clemens Klotz, 1934/41. Der ursprüngliche Entwurf wurde mehrfach erweitert.

auch in München Entwurfsbüros mit jeweils ca. 20 Architekten und Modellbauern. Hitler besuchte ihn in seinem Münchener Büro von Zeit zu Zeit und ernannte ihn 1936 zum Professor. Etwas später wurde Klotz in die Preußische Akademie der Künste aufgenommen, in der er dann auch nach dem Krieg verblieb. Noch 1959 wurde er in einer Publikation als Mitglied angegeben. *(65)*
Es gibt meines Wissens kaum schriftliche Äußerungen von Klotz, weder fachlicher noch politischer Art, auch keinen verfügbaren Nachlaß, und Zeitzeugen verweigern häufig Auskünfte. Auffällig ist, daß Klotz in baugeschichtlichen Büchern der NS-Zeit sehr selten und dann nur als Architekt der Ordensburgen und in den Publikationen der letzten Jahrzehnte fast nicht vorkommt. Hitler sagte 1937 in einer Rede anläßlich der Architektur- und Kunsthandwerksausstellung in München: »Die Namen der Architekten kann ich Ihnen hier nicht aufzählen. Über ihnen steht als Lehrmeister unserer Zeit Professor Troost. Ein zweiter Verstorbener ist hier mit einem Ewigkeitswerk vertreten: Professor Ruff aus Nürnberg, dann kommen Gall, Speer, Brinkmann, Haerter, Giesler, Kreis, Sagebiel, Klotz und andere mehr.« *(66)*

Modell des Entwurfs für die »Hohe Schule« am Chiemsee von Clemens Klotz, 1937/38. Dieser Entwurf wurde von Hitler zugunsten des Entwurfes von Hermann Giesler verworfen

Klotz gehörte dazu – aber wohl mehr unter anderen. Hitler scheint nur anfangs an ihm Interesse genommen zu haben. Klotz hat seine Position als freischaffender privater Architekt während der ganzen Zeit des »Dritten Reiches« nicht aufgegeben.
Durch Ley erhielt Klotz zunächst große Aufträge, so für ein »Haus der deutschen Arbeit« und für ein »Gauforum« in Köln, für die »NS-Ordensburgen« Crössinsee in Pommern und Vogelsang in der Eifel und eben auch für das KdF-Seebad Rügen. Weitere Arbeiten für die »Deutsche Arbeitsfront« und die NSDAP waren: »Adolf-Hitler-Schulen« in Waldbröl und Asterstein, Haus des Handwerks in Frankfurt/M., »Ordensburgen« in Marienburg und Kasimierz, KdF-Erholungsheim bei Königswinter, Traktorenwerk in Waldbröl, »Reichsführerschule« in Potsdam, »Hohe Schule« am Chiemsee, »Gauhaus« in Karlsruhe und »Reichsführerschule« in Potsdam. *(67)*
Die Aufträge kamen jedoch ausschließlich von Ley. Obwohl sich Klotz an Wettbewerben für Berlin und München beteiligte, kamen hier keine Aufträge zustande. In den vierziger Jahren wurde er auch von Ley zunehmend übergangen. *(68)*
Klotz' Rolle als Architekt im »Dritten Reich« war ambivalent. Inwieweit er den Charakter seiner neuen Auftraggeber ausreichend reflektiert hat, inwieweit er überhaupt politisch interessiert war, kann nur schwer nachvollzogen werden.
In einer 1938 geschriebenen Biographie wird er als nationalsozialistischer Architekt charakterisiert: »Es drängte ihn immer nach der baukünstlerischen Gestaltung großer Ideen und nach monumentaler Formung. Aber erst das Dritte Reich konnte dem gerecht werden, weil es die innere und äußere Berechtigung zu gewaltigen Planungen und zukunftsgültigen Aufträgen hat ... Schon 1930 schlug ihn die Partei für die Direktorenstelle an der Staatlichen Hochschule für Baukunst in Weimar vor. Nach der Machtübernahme entwickelte er in einer Denkschrift die Idee der Häuser der Arbeit, die zur Folge hatte, daß er mit dem Entwurf für das Nationalhaus der Deutschen Arbeit in Köln beauftragt wurde. Der Entwurf wurde vom Führer zur späteren Ausführung genehmigt.« In dieser Biographie bescheinigt der nationalsozialistische Architektur-

theoretiker Werner Rittich dem Architekten Klotz »künstlerische Originalität, Großzügigkeit und Ausdruckskraft«. *(69)*
Klotz war Vorwürfen früherer Kollegen wegen seiner Partei-Karriere ausgesetzt, hat seine guten Verbindungen zur Macht beruflich für Auftragsbeschaffungen genutzt und sich auf diese Verbindungen auch gelegentlich bezogen, so 1943 in einem Brief an den Bund Deutscher Architekten, in dem er sich gegen »all die Angriffe« verteidigt, »die schon seit langem von einem verhältnismäßig großen Prozentsatz der Kollegen gegen mich zusammengetragen werden, im übrigen aber von führender Stelle schärfste Ablehnung erfahren.« *(70)*
Nach anfänglich großen Aufträgen und großen Aufmerksamkeiten seitens der verschiedenen »Führer« wurde es stiller um Klotz. Ausgangspunkt war der Kompetenzstreit zwischen Robert Ley und Alfred Rosenberg, der sich unter anderem an der Architektur für die »Ordensburgen« und die »Hohe Schule« am Chiemsee entzündete. Klotz hatte zuvor zwei »Ordensburgen« gebaut und für die »Hohe Schule« einen Entwurf gemacht, der dann zugunsten Hermann Gieslers verworfen wurde. Alfred Rosenberg spricht in diesem Zusammenhang abfällig von »Ley, der sich mit allen Mitteln in die ›Hohe Schule‹ auch mit seinem Architekten Klotz einschalten wollte«. Der Entwurf von Klotz sei »ein Entwurf ohne Vertiefung, Produkt eines Großbüros, nicht eines großen Künstlers«. Auch die »Ordensburgen« von Klotz seien »Zeichen einer guten Idee, aber ohne regulierende Kraft eines Bauherren ..., der sich zudem keines großdenkenden Architekten zu bedienen verstand«. *(71)* So wurden die alten Kämpfe noch in den fünfziger Jahren munter weitergeführt. Und man kann sicher sein, daß es Machtkämpfe waren und daß es zuallerletzt um Architektur ging.

Der Kölner Architekt Clemens Klotz (1886-1969)

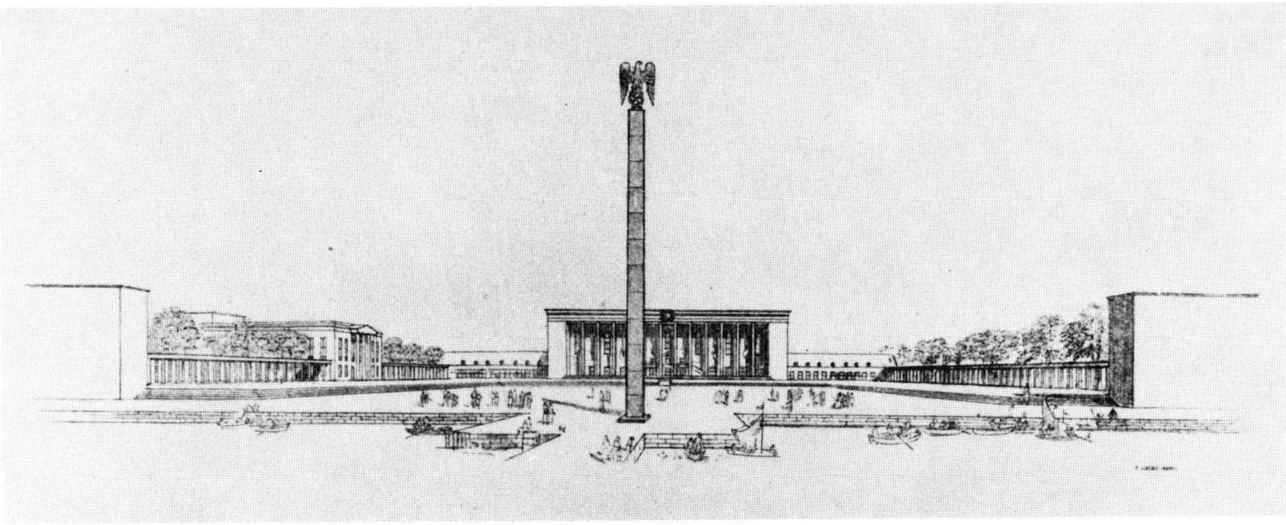

△ *Wettbewerb KdF-Seebad Rügen, 1936, Entwurf: Bauabteilung der »Deutschen Arbeitsfront«, Leiter: Julius Schulte Frohlinde, Architektur-Perspektive*
◁ *Wettbewerb KdF-Seebad Rügen, 1936, Entwurf: Bauabteilung der »Deutschen Arbeitsfront«, Leiter: Julius Schulte Frohlinde, Modellfoto*

◁ *Wettbewerb KdF-Seebad Rügen, 1936, Entwurf: Heinrich Tessenow, Modellfoto*

Speer beschreibt in seinen Erinnerungen, wie der Architekt Hermann Giesler den »stotternden Arbeiterführer Dr. Ley« imitiert: »Hitler war von dieser Darbietung so angetan, daß er Giesler immer wieder aufforderte, die Schilderung eines Besuches des Ehepaars Ley in den Modellräumen der Münchener Stadtplanung zu wiederholen. Zuerst schilderte Giesler, wie der Führer der deutschen Arbeiter im hochfeinen Sommeranzug, mit weißen, abgesteppten Handschuhen und Strohhut, in Begleitung seiner nicht weniger auffallend gekleideten Frau das Atelier betrat und wie er ihm die Münchener Planung vorführte, bis Ley unterbrach: ›Ich bebaue hier den ganzen Block. Was kostet das? Ein paar Hundertmillionen? Ja, das bauen wir ...‹ – ›Und was wollen Sie dorthin bauen?‹ – ›Ein großes Modehaus. – Die ganze Mode, sie wird von mir gemacht! Meine Frau macht das! Ein großes Haus brauchen wir dazu. Machen wir! Meine Frau und ich, wir bestimmen darin die deutsche Mode ... Und ... und ... und Nutten brauchen wir auch! Viele, ein ganzes Haus, ganz modern eingerichtet. Alles werden wir in die Hand nehmen, ein paar Hundertmillionen für den Bau, das spielt keine Rolle.‹ Hitler ließ sich, zum Überdruß Gieslers, diese Szene unzählige Male schildern und lachte Tränen über die verkommene Gesinnung seines ›Arbeiterführers‹.« *(72)* Ley galt zunehmend als nicht ernstzunehmender Wirrkopf. *(73)*
Verwunderlich ist, daß Klotz, der von Zeitgenossen als »feiner Mensch« beschrieben wurde, sich mit Ley verbündete. Bindeglied zwischen beiden waren wohl vor allem Geschäftsinteressen und darüberhinaus ein ausgeprägter Antisemitismus.
Der Architekt und Bauhistoriker Gerhard Fehl unterscheidet zwei Kategorien von Architekten, die ihren »modernen Bleistift den Nationalsozialisten liehen: Es gab jene unpolitischen Bautechniker und Funktionalisten, die mit Besessenheit an die Lösung einer einmal gestellten Aufgabe herangingen, vor allem wenn diese im Interesse der ›Gemeinschaft‹ gut gelöst werden sollte; in einer technischen Lösung sahen sie keine Sünde ... Es gab jene opportunisti-

schen Architekten, die auch schon in der Zeit vor 1933 stilistische Tausendsassas waren, Stil je nach ›Ausdruckswert‹ der Bauaufgabe einsetzend ... Mochten sie auch mit dem neuen System nicht völlig übereinstimmen, sie dienten ihm, verdienten von ihm, setzten notfalls auch den ›modernen Stil‹ dort effektvoll ein, wo er am Platze schien, eventuell in gemilderter, oft leicht zum Traditionellen oder zum Monumentalen hin gebrochener Form.« *(74)* Wo man Klotz auch einordnen will – rein gibt es diese Kategorien ja ohnehin nicht – auf alle Fälle gilt auch für ihn: »Denn daß ein Himmler oder Streicher oder Göring, fanatisiert durch die langen Jahre des gemeinsamen Kampfes um die Macht, Hitler weiter Gefolgschaft leistete, ist – rechnet man den Faktor der suggestiven Einwirkung hinzu – nicht weiter verwunderlich. Aber daß diejenigen, die erst später zum Nationalsozialismus gestoßen sind oder nicht einmal Mitglieder der Partei waren, sich dem Regime bedingungslos zur Verfügung gestellt haben, obwohl sie auf einem unvergleichlich höheren intellektuellen Niveau standen als viele der moralisch und geistig primitiven ›alten Kämpfer‹, die sich in einem schon fast pathologisch zu nennenden Abhängigkeitsverhältnis von Hitler befanden – das war und ist ein viel größeres und unverzeihlicheres Verbrechen.« *(75)* Speer betont die Mitschuld der Intelligenz an der Hitler-Diktatur: »Ohne den Beistand der Intellektuellen im breitesten Sinne des Wortes wäre Hitler ohnmächtig gewesen. Hier denke ich zum Beispiel an einen so korrekten Mann wie Generaloberst Jodl, der sich völlig dem Hitlerschen Einfluß ergab und eine so verhängnisvolle Rolle gespielt hat. Und nicht zuletzt denke ich natürlich an mich selbst.« Speer nimmt aber ausdrücklich Kunst und Literatur aus dieser Beurteilung aus.

Viele Architekten, die im Staatsdienst standen, versahen nach 1945 ihren Dienst weiter. So fühlte Klotz sich nach dem Krieg auch unbelastet. In einem Gespräch mit der Historikerin Miller-Lane sagte er 1960, daß er ein völlig unpolitischer Architekt gewesen wäre und es daher nicht verstehen könne, nach dem Krieg keine Aufträge mehr erhalten zu haben. *(76)*

1935 war Klotz allerdings der gesetzte Mann für den Entwurf des KdF-Bades Rügen. Die Zeitung »Der Angriff« meldete zum ersten Mal am 31. Juli 1935 den Plan, das Seebad zu bauen. Einen Tag zuvor war das Grundstück erworben worden. Man kam mit dem Besitzer, Malte von Veltheim, Fürst zu Putbus, zum Frühschoppen zusammen, um über das Grundstück zu verhandeln. Eine Art Vertrag wurde aufgesetzt. *(77)*

Klotz war zu der Verhandlung als Architekt hinzugezogen worden, und auf dem Parteitag der NSDAP im September 1935 wurde sein Entwurf bereits ausgestellt, von Hitler und Ley besichtigt, die weitere Anregungen gaben, wie der »Westdeutsche Beobachter« berichtete. *(78)*

Klotz arbeitete seinen Entwurf Ende 1935 weiter aus. Das war die Vorgeschichte, dann wurden ein halbes Jahr später, Anfang 1936, elf Architekten zu einem Wettbewerb für das KdF-Bad aufgefordert. Diese Teilnehmer wurden von Albert Speer ausgewählt, Speer war damals Leiter des Amtes »Schönheit der Arbeit« innerhalb der KdF. Die elf waren: German Bestelmeyer (München), Emil Fahrenkamp (Düsseldorf), Hermann Giesler (Sonthofen), Hans Gonser (Stuttgart), Konstanty Gutschow (Hamburg), Georg Holzbauer (Mün-

▷ Wettbewerb KdF-Seebad Rügen 1936, Entwurf: Emil Fahrenkamp, Architektur-Perspektive

▷ Wettbewerb KdF-Seebad Rügen 1936, Entwurf: Emil Fahrenkamp, Architektur-Perspektive

▽ Urkunde über die Abtretung des Landes vom 30. Juli 1935

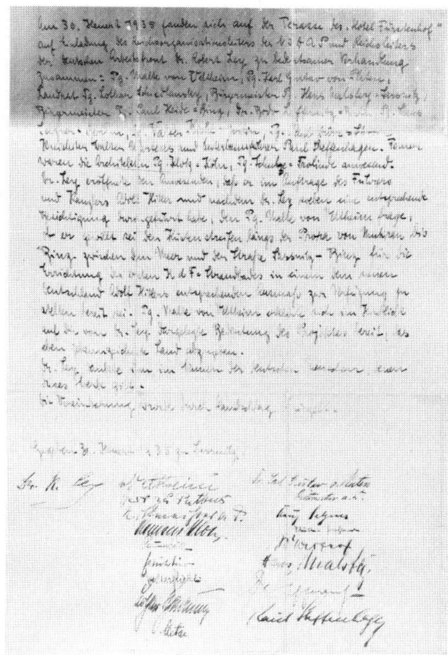

Wettbewerb KdF-Seebad Rügen, 1936, Entwurf: Erich zu Putlitz, Modellfoto

chen), Oskar Jäger (München), Clemens Klotz (Köln), Erich zu Putlitz (Hamburg), Julius Schulte-Frohlinde (Bauabteilung der Deutschen Arbeitsfront, Berlin) und Prof. Heinrich Tessenow (Berlin).
Am 2. Mai 1936 war bereits die Grundsteinlegung, aber erst im August wurde der Wettbewerb zugunsten von Clemens Klotz entschieden. Die merkwürdige Reihenfolge – Sommer '35 Verhandlungen zum Grundstück, wobei der spätere Wettbewerbsgewinner neben Schulte-Frohlinde als Vertreter der Deutschen Arbeitsfront, der einzige beteiligte Architekt war, Januar '36 Aufforderung zum Wettbewerb, Mai '36 Grundsteinlegung durch Ley und Wettbewerbsentscheid im August – ist nur zu verstehen, wenn man die Vorgeschichte kennt. Klotz war von vornherein favorisiert und der Wettbewerb eher eine Farce.
Im Protokoll zur Arbeitstagung der beteiligten Architekten vom 18. Februar 1936 (»Diese Niederschrift darf nicht der Öffentlichkeit zugänglich gemacht werden«) finden sich Auszüge eines Vortrages von Dr. Ley »Über die Anlage und die kulturelle Bedeutung des Seebadprojektes«. Darin wird auf die unmittelbare Beteiligung Hitlers eingegangen:
»Die Idee dieses Seebades ist vom Führer selbst. Er sagte mir eines Tages, daß man nach seiner Meinung ein Riesenseebad bauen müsse, das Gewaltigste und Größte von allem bisher Dagewesenen. (...) Es ist der Wunsch des Führers, daß in der Mitte ein großes Festhaus entsteht. (...) Der Führer gab gleichzeitig an, daß das Bad 20 000 Betten haben müsse. Alles soll so eingerichtet werden, daß man das Ganze im Falle eines Krieges auch als Lazarett verwenden kann.«
Zu der Wettbewerbsaufgabe gehörte neben der Unterbringung von 20 000 Urlaubern und 2 000 Angestellten auch die notwendigen technischen Anlagen sowie die Anlagen für die »Verpflegung und sonstige körperliche und seelische Betreuung« zu schaffen und sich »um eine, dem Sinn und der kulturellen Bedeutung des Planes gemäße baukünstlerische, d. h. architektonische und städtebaulich-landschaftliche Gestaltung zu bemühen«. *(79)*
Das Wettbewerbsprogramm von KdF setzte Rahmenbedingungen – Beherbergung von 20 000 Urlaubern, alle Fenster zum Meer, zentrale Festhalle für ebenfalls 20 000 Menschen –, die eine strukturelle Ähnlichkeit der Entwürfe erzwangen, zumal Hochhäuser von vornherein ausgeschlossen wurden. Deshalb zeigen die eingereichten Entwürfe ausnahmslos zentrale Plätze mit der Festhalle und zu beiden Seiten sich parallel zum Strand hinziehende lange Gebäudezeilen.
»Vom Führer selbst«, wie es hieß, wurde der Gesamtentwurf von Clemens Klotz ausgewählt, der mit dem Festhallen-Entwurf von zu Putlitz kombiniert werden sollte. Klotz lieferte einen im Rahmen der Aufgabe

relativ sachlichen und zweckmäßigen Entwurf, der zu der Putlitzschen monumentalklassizistischen Festhalle kontrastierte. In einer zeitgenössischen Besprechung der Wettbewerbsergebnisse heißt es dazu: »Architektonisch hat sich Klotz bewußt von einer dem Zweck der Anlage widerstrebenden Ausdrucksüberhöhung ferngehalten. Er wünscht weder durch deren Originalität noch durch reiche Ausgestaltung das Interesse von der Natur abzulenken, vielmehr zieht er diese als Weite der See, Fülle von Sonne und Licht in die Bauwerke hinein. Leichtbeschwingte und schöngeführte Linien rahmen groß ein Bild der Lebensfreude und heiterer Entspannung dem Alltag auf kurze Zeit entrückter Menschen. Diese grundsätzliche Einstellung entdeckt man auch in der Gestalt seines zentralen Festhallenbaus. Der Entwurf des Architekten zu Putlitz, der als Grundlage für die Ausführung dieses Baues dienen wird, hat dagegen die Schwere und Wucht eines feierlich-monumentalen Baukörpers. Es wird verständnisvoller Zusammenarbeit der Architekten bedürfen, um die städtebauliche und architektonische Einheitlichkeit der Bauanlage zu sichern.« *(80)* Fast klingt das nach einer verhaltenen Kritik an der Wettbewerbsentscheidung durch Hitler.

Die Anlage nach dem Klotzschen Entwurf breitet sich parallel zur Küste in einem riesigen Kreisbogen, Radius 13 Kilometer, etwa 4,5 Kilometer lang aus. Die Hauptfront bilden die sechsgeschossigen Unterkunfts-/Bettenhäuser, die in zwei jeweils 2 Kilometer langen Abschnitten, südlich und nördlich von einem 400 000 Quadratmeter großen Festplatz, angeordnet sind. Beide Abschnitte unterteilen sich in vier Flügel von jeweils ca. 500 Metern Länge.

Wettbewerb KdF-Seebad Rügen, 1936, Entwurf: Clemens Klotz, Modellfoto

Zwischen den Wohnflügeln liegen die »Gemeinschaftshäuser«: zur See vorgebaute, dreigeschossige, abgerundete Gebäudeteile, die Küchen, Restaurants, Speisesäle und überdachte Terrassen enthalten. Der Entwurf von Emil Fahrenkamp sieht eine asymmetrische Anlage vor.

Die Festhalle befindet sich auf der Südseite des Festplatzes, die Wohnbebauung besteht aus einer zwei- und einer dahinterliegenden viergeschossigen Zeile und ist nördlich vom Festplatz weit vom Strand zurückgesetzt.

Heinrich Tessenow schlägt eine völlig symmetrische, sehr konventionelle Anlage vor. Besonderer Wert wird auf die Gestaltung der Festhalle gelegt. Der Entwurf versucht der absurden Idee, in die Natur eine riesige Halle für 20 000 Menschen zu setzen, einen Sinn abzugewinnen; einer Idee, die nur durch das nationalsozialistische Bestreben, große Menschenmassen in Propaganda-Veranstaltungen zusammenzufassen, seine Begründung findet. Tessenow faßt die Festhalle als lebendiges Zentrum des Seebades auf und gestaltet sie völlig offen als überdachten Platz, was wohl kaum den Beifall der Nazis finden konnte. Von schlanken Säulen getragen, soll sie den Eindruck der Fortsetzung des umgebenden Kiefernwaldes vermitteln. *(81)*

Die Entwürfe von Tessenow, von Fahrenkamp, von zu Putlitz und von Schulte-Frohlinde werden noch in der Zeitschrift »Baugilde« vorgestellt, die Entwürfe der anderen Wettbewerbsteilnehmer werden nicht veröffentlicht. Auch Preise wurden bei diesem Architektur-Wettbewerb nicht vergeben.

Der Entwurf von Clemens Klotz

Das KdF-Seebad Rügen ist eine der größten und komplexesten Bauaufgaben, die im »Dritten Reich« geplant und ausgeführt wurden. Andere große Vorhaben, wie die Umgestaltung deutscher Großstädte, sind über das Planungsstadium nicht hinausgekommen.

Der Entwurf für das KdF-Bad Rügen hat über den Zeitraum von 1935 bis 1939 beträchtliche Veränderungen erfahren. Zunächst wollte Ley offenbar das KdF-Bad durch einen direkten Auftrag an Klotz bauen lassen. Klotz arbeitete bereits im Sommer 1935 daran. Am 27. November 1935, anläßlich einer Feier zum zweiten Jahrestag der KdF-Gründung, spricht Ley bereits vom KdF-Bad: »Die Pläne und Modelle zu diesem einzigartigen Werk sind in den Hallen dieses Theaters ausgestellt.« *(82)*

Als dann doch noch ein Architektur-Wettbewerb ausgeschrieben wird, überarbeitet Klotz seinen ersten Entwurf, der bereits im September 1935 vorgelegen hatte, und reicht ihn zum Architektur-Wettbewerb 1936 ein. In den Jahren der Bauausführung bis 1939 erfolgten dann immer weitere Modifizierungen.

Während im ersten Entwurf die Bettenhäuser noch hofartig angeordnet werden sollten, blieb es seit der Überarbeitung des Entwurfs bei zwei sechsgeschossigen langen Zeilen parallel zum Strand, südlich und nördlich von einem zentralen Festplatz. Diese beiden, sich dem natürlichen Bogen der Bucht anpassenden Zeilen, die jeweils nach ca. 500 Metern durch einen dreigeschossigen, weit zum Wasser vortretenden und am Strand schiffbugartig rund geformten Restaurant-Komplex unterbrochen werden, bilden bei allen weiteren Veränderungen und Überarbeitungen des Entwurfs die invariante und einprägsame Struktur des KdF-Bades.

Die zwei jeweils 2 000 Meter langen Hauptfronten der Bettenhäuser flankieren einen ca. 600 Meter breiten Festplatz. Insgesamt ist die Anlage damit etwa 4,5 Kilometer lang.

Die Bezeichnung der einzelnen Teile der Anlage folgt der des Bauleiters Heidrich. *(83)* Es gibt zwei »Abschnitte« von je zwei Kilometern Länge, den Süd- und den Nordabschnitt. Beide Abschnitte unterteilen sich in je vier Flügel, im Grunde autonome lange Einzelgebäude von jeweils ca. 500 Metern Länge. An jeden der insgesamt acht Flügel sind landseitig jeweils zehn Seitenflügel kammartig angefügt, die Treppenhaus, Personenaufzug, Personalräume, Duschbäder, Toiletten, Wäschekammern, Anrichten und Abwurfschächte für Müll und Schmutzwäsche enthalten. Die Gebäudeteile zwischen zwei Treppenhäusern sind in der Originalarbeit nicht bezeichnet und werden hier »Segment« genannt. Jeder Flügel hat elf Segmente und zehn Treppenhäuser. Die Flügel werden vom Festplatz in der Mitte aus von 1 bis 4 numeriert. Auch die Segmente jedes Flügels sind von innen nach außen jeweils von 1 bis 11 numeriert, ebenso die Treppenhäuser von 1 bis 10 (siehe Lagepläne). Die Bettenhäuser werden durch lange Gänge an der Landseite erschlossen.

▷ KdF-Seebad Rügen, 1936, Entwurf: Clemens Klotz, Modellfoto

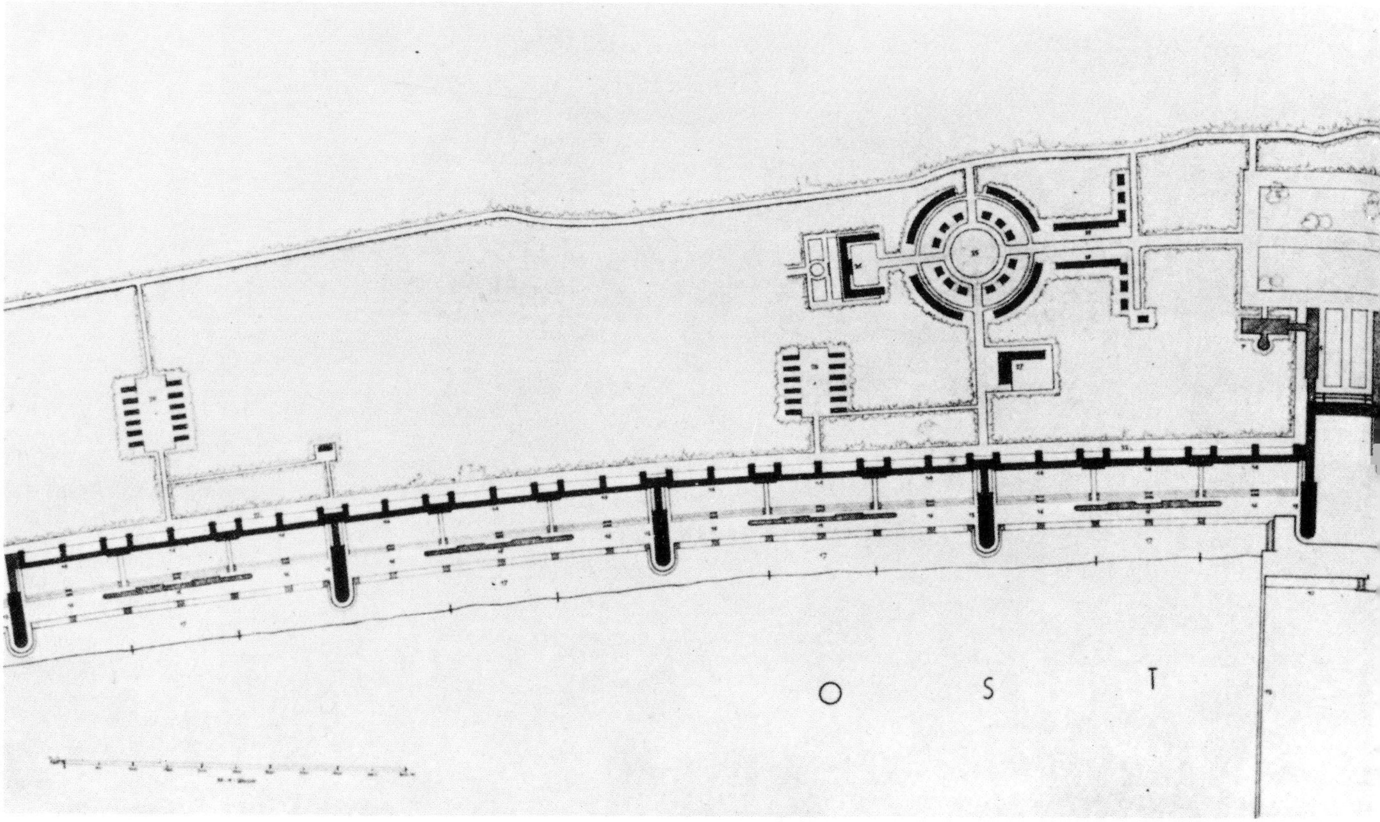

Die Zimmer sind durchweg ostwärts zum Meer hin angeordnet. Diese einhüftige Erschließung wird selten angewandt, denn sie ist zwar komfortabel, aber teuer: Die Tiefe der Bettenhäuser beträgt nur ca. sieben Meter, man braucht also »viel Haus pro Zimmer«. Damit wird für den Nutzer dieser Häuser der gleiche Seeblick, weniger Dichte und Gedrängtheit, eine hohe Nutzungsqualität geboten.
Die Zimmer (ca. 2,5 x 5 Meter) sollten teilweise durch Türen verbunden werden, um Familien unterbringen zu können. Die vorgesehene Zentralheizung war keine Selbstverständlichkeit, weil damals viele Ferienhotels ohne Heizmöglichkeiten gebaut wurden, und zeigt die Absicht, das KdF-Bad auch außerhalb der allgemeinen Saison zu nutzen. Die Inneneinrichtung sowie Geschirr, Wäsche, Strandutensilien wurden von der Bauabteilung der Deutschen Arbeitsfront entworfen.
Das Erdgeschoß der Bettentrakte sollte für Kinderhorte, Geschäfte und Angestellten-Wohnungen genutzt werden. Im Erdgeschoß sind auch in jedem Flügel breite Durchgänge als Verbindungen zwischen Land- und Seeseite der Anlage vorgesehen.
Die Restaurant-Komplexe oder, wie sie offiziell hießen, »Gemeinschaftshäuser« springen bis zum Wasser vor, sind ca. 110 Meter lang, zum Wasser hin abgerundet, viergeschossig, in der Höhe abgestuft. Sie sollten im Untergeschoß Wirtschaftsräume, im Erdgeschoß Küchen und Speiseräume, im zweiten Geschoß Tages-

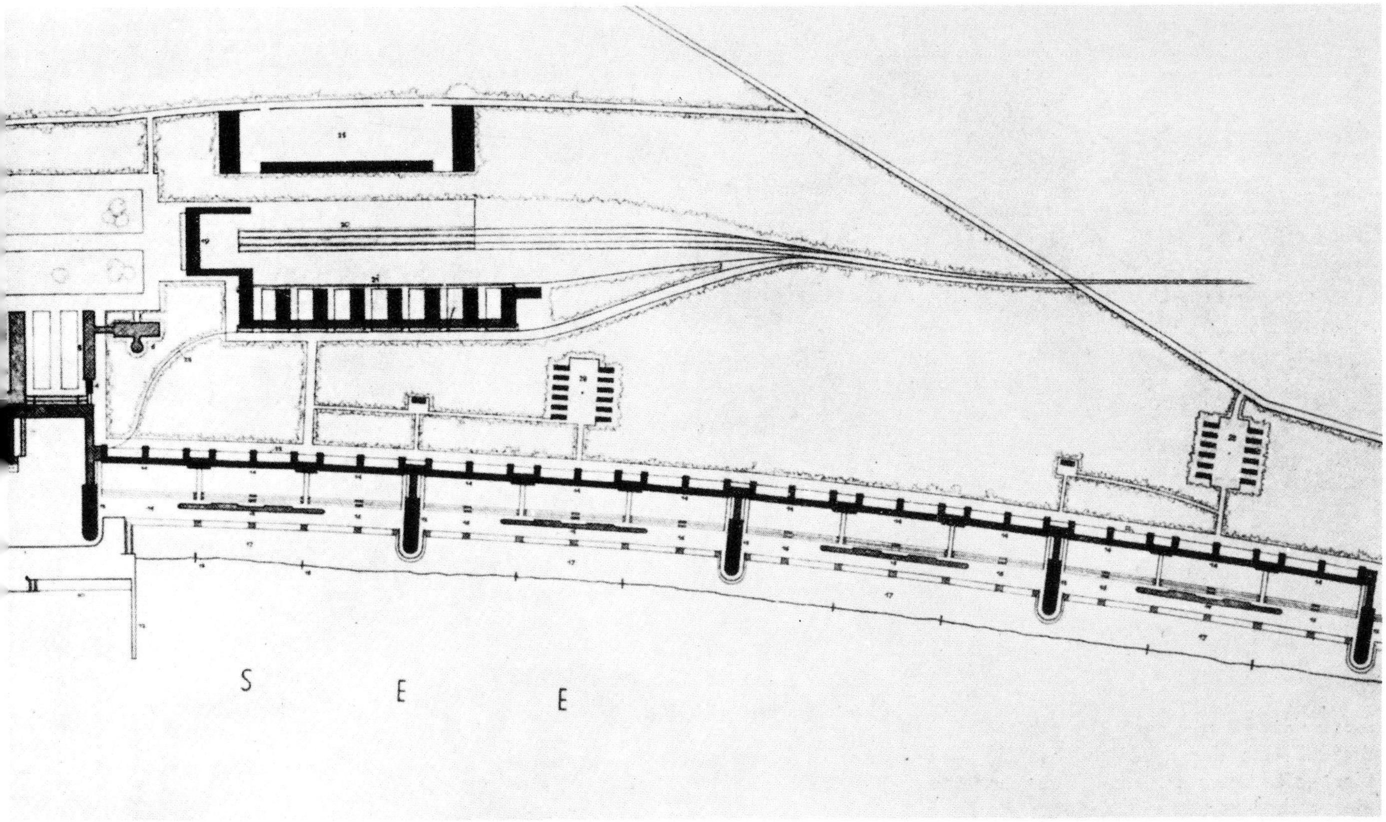

Lageplan des Entwurfs für das KdF-Seebad auf Rügen von Clemens Klotz

cafés und Restaurants mit Terrassen, in einem Zwischengeschoß Schreib-, Lese- und Spielräume und im Obergeschoß Kegelbahnen, Billardräume und eine überdachte Terrasse aufnehmen.
Die Flügel der Bettentrakte werden durch zwei seewärts vorgezogene offene Liegehallen über die ganze Höhe der Gebäude unterbrochen. Diese offenen Hallen heben sich durch herausgestellte, runde Säulen sehr auffällig von der übrigen Fassade ab. Durch Strahlungsheizungen sollten diese Hallen auch bei kühlem Wetter nutzbar sein.
Den Anschluß des Süd- und Nordabschnittes an den Festplatz bilden Empfangshallen, Verwaltungsbauten, Theater und Cafés. »Hier wird sich das gesellige Leben des KdF-Seebades abspielen. In weitgehendem Maße ist für Unterhaltung und Geselligkeit gesorgt, wie sie sonst kaum anzutreffen ist. Jedes Empfangshaus ... ist allein 433 Meter lang; es enthält neben der eigentlichen Empfangshalle Säle und Räume für Gaststätten verschiedener Art, für Tanz- und Gesellschaftsveranstaltungen sowie für Kleinkunstdarbietungen.« *(85)*
Am Festplatz sollte ein Kino und ein 85 Meter hoher Turm mit Höhencafé für 250 Personen entstehen, auch eine großes Wasserbecken mit Springbrunnen.
Den Festplatz zur See zu begrenzte eine Kai-Anlage für Boote. Zwei Seestege von 300 und 800 Metern Länge für größere Schiffe waren vorgesehen.

KdF-Seebad Rügen, 1936, Entwurf: Clemens Klotz, Modellfoto mit dem Festhallenentwurf von Erich zu Putlitz

Die zentrale Festhalle sollte entsprechend der Ausschreibung, und das war nun wirklich das ganz Besondere und Einmalige dieses Seebades, alle 20 000 Urlauber aufnehmen können. Offenbar stellte man sich eine Art Sportpalast für große Propaganda-Veranstaltungen vor. Der Klotzsche Entwurf verband diesen Hallenbau wenigstens mit notwendigen Räumen, wie Gemeinde- und Badeverwaltung, Post- und Rundfunkzentrale, An- und Abmeldung. Der Festsaal sollte auch für künstlerische Darbietungen benutzbar sein. Über den dann offensichtlich aus gestalterischen Gründen vorgezogenen Entwurf von zu Putlitz für die Festhalle wird im Erläuterungsbericht gesagt: »Das Festhaus besteht aus einer vielseitigen und leicht verkleinerungsfähigen Anlage und enthält Sitzgelegenheiten für 20 000 Personen. Die Bühnenanlage (für Reliefbühne mit verschiebbaren Transparenten) verfügt über einen Segmenthorizont und teilweise versenkbare Bühnenböden.« Die Entwurfsarbeiten zu der Festhalle sind wohl kaum über Vorstellungen zu den äußeren Umrissen und zur Bühnentechnik hinausgekommen. Die Festhalle von zu Putlitz wurde nie gebaut und mit dem Fortschreiten der Bauarbeiten überhaupt nicht mehr erwähnt.

Jeweils in der Mitte der beiden Bauabschnitte sollte, um das Seebad auch im Herbst und Frühjahr nutzen zu können, eine große Schwimmhalle mit Wasserflächen von 40 x 100 Metern und künstlichen Wellen gebaut werden.

Ein Bahnhof wurde als Haltepunkt zwischen den Bahnhöfen Lietzow und Binz in der Bad-Mitte eingerichtet. Ein großer Wirtschaftshof sollte südlich des Komplexes entstehen, der die Kraft- und Heizzentrale, Kühlhäuser, Lebensmittel-Lagerräume, Bäckerei, Wäscherei und andere Wirtschaftsbetriebe enthalten sollte, auch eine Gärtnerei. Im Süden sollten

auch die Schule und ein Krankenhaus gebaut werden, eine Großgarage für 3 000 Fahrzeuge im Nordabschnitt. Neben dem Neubau der Fernverkehrsstraße Binz-Saßnitz wurde parallel dazu eine neue Betonstraße sowie die Erschließungsstraßen angelegt, die direkt hinter den beiden Abschnitten der Bettenhäuser entlangführten.
Einige hundert Meter landeinwärts entstanden zweigeschossige Wohnbauten für die Angestellten und »Arbeitsdienst«-Lager oder »Gefolgschaftsunterkünfte«, das heißt Wohnlager für die zur Arbeit im KdF-Bad zwangsverpflichteten jungen Frauen.
Über den Binnenverkehr im Bad gab es unterschiedliche Vorstellungen. Ankommen sollten die Urlauber mit der Eisenbahn, mit dem Auto – »hier ist schon der Zukunft Rechnung getragen, dem Umstand, daß im Jahre 1940 bereits 130 000 Mitglieder der Deutschen Arbeitsfront, deren Meldungen bis November 1938 vorlagen, einen KdF-Wagen besitzen werden« *(85)* – oder mit dem Schiff. Inner- halb des Bades war bald von einer U-Bahn die Rede *(86)*, bald von einer hinter den Gebäudefronten verlaufenden Kleinbahn *(87)* und schließlich von einer Omnibuslinie. *(88)*
Die Garten- und Landschaftsarchitektur für das KdF-Bad stammt von W. Tschörtner, von den ursprünglich vorgesehenen gärtnerischen Anlagen und Anpflanzungen wurde jedoch nur wenig realisiert und noch weniger ist erhalten, nur einige kleine Flächen an der Landseite des Südabschnittes scheinen noch der ursprünglichen Planung zu entsprechen und fügen sich gut in die Gesamtanlage ein.
Welche Bauplastik für das KdF-Bad vorgesehen war, ist nicht überliefert, das Bauwerk war noch nicht soweit fertig, daß Bauplastiken hätten aufgestellt werden können. Auch über Pläne dazu ist nichts bekannt. Klotz hat allerdings Zeit seines Lebens mit dem Kölner Bildhauer Willy Meller (1887 bis 1974) zusammengearbeitet, zum Beispiel auch bei den »Ordensburgen«, so daß angenommen werden kann, Meller war auch für das KdF-Bad als ausstattender Künstler vorgesehen.
Gerdy Troost, die Witwe von Paul Ludwig Troost, eine politisch einflußreiche Architekturtheoretikerin, schrieb 1941 zum KdF-Bad: »Obwohl hier Erholungsmöglichkeiten für Zehntausende geschaffen werden sollen, ist es erfolgreich vermieden worden, nun etwa eine Stadt ans Meer zu bauen. In großzügiger Planung entsteht hier ein absolut neues Werk von klarer Zweckmäßigkeit und von guter Form.« *(89)*

KdF-Seebad Rügen, 1936, Entwurf: Clemens Klotz, Architektur-Perspektive: Gemeinschaftshäuser und Bootsanlegestelle

Die Anlage ist ein Zweckbau für den Massentourismus. 20000 Menschen unterzubringen und zu versorgen ist nur mit einer funktionalen, mit einer sachlich-modernen Planung und Architektur zu lösen. Der grundlegende Unterschied zu den Staats- und Parteibauten, die zur Dekoration von Massenaufmärschen vorgesehen waren, sind die Zweckgebundenheit, die konkreten Erfordernisse der Unterbringung, Versorgung, Unterhaltung und des Transportes von Menschenmassen. Das KdF-Bad Rügen war zunächst eine Planungsaufgabe, die Sachlichkeit und funktionales Denken erforderte.
Die zeitgenössische nationalsozialistische Kunstbetrachtung unterschied deutlich zwischen den Kult-, Partei- und Staatsbauten und den Erholungsbauten wie dem KdF-Bad. »Das notwendige Korrelat zu Bauten und Plätzen der Erhebung und des Ernstes bilden die Stätten der Entspannung und Erholung, wie sie die NS-Gemeinschaft ›Kraft durch Freude‹ in bisher unerhörtem Ausmaße plant. Erwähnt sei nur das von Klotz entworfene, für mehr als 20 000 Badegäste Raum und Unterkunft bietende Strandbad Rügen ...« *(90)*
Das KdF-Bad war eine Bauaufgabe, die auf den Industriearbeiter zielte. Die Merkmale, die als Kennzeichen der nationalsozialistischen Staatsarchitektur genannt wurden, treffen auf dieses Bauwerk kaum zu. Während es immerhin von überdimensionaler Größe ist, auch von schematischer Reihung könnte man sprechen, sind Charakteristika wie: Überbetonung von Sockel und Dachabschluß, Mangel an Oberflächengliederung, massive Baumaterialien, in Unmaß angebrachtes Kultgerät, Eckquader, kannelierte Pfeiler und Pilaster, Schrägungen des Sockels, Baumotive wie »Führerbalkon« nicht anzutreffen.

KdF-Seebad Rügen, 1936, Entwurf: Clemens Klotz, Architektur-Perspektive: Rückseite der Festhalle mit Wasserbecken und Aussichtsturm

KdF-Seebad Rügen, 1936, Entwurf: Clemens Klotz, Architektur-Perspektive von der Kai-Anlage her gesehen. Die jetzt zugewachsenen Bettenhäuser sollten in ihrer ganzen monumentalen Länge vom Wasser her sichtbar bleiben

Das Entpersönlichende, der unmenschliche Maßstab der Anlage ist nicht dem Stil der Architektur zuzuschreiben, sondern kam aus der Bauaufgabe. Nach der Einteilung der Bauvorhaben entsprechend dem »programmatischen Eklektizismus« der Nazis handelt es sich bei dem KdF-Bad nicht um ein repräsentatives Partei- oder Kultgebäude, das klassizistisch oder modernistisch auszubilden wäre, auch nicht um Wohnungsbau oder um einen Bau der Jugend, für den der »Heimatstil« geeignet gewesen wäre, sondern um Gebäude für die Freizeit, bei denen es auf äußerste Rationalität und Funktionalität ankam und durch die der Industriearbeiter angesprochen werden sollte, also durchaus um eine der Bauaufgaben, bei denen der moderne Stil nach Auffassung der nationalsozialistischen Politiker Aufgaben übernehmen konnte.
Nicht um »Baukunst« mußte es sich hier handeln, nicht um Dekoration von Propaganda, sondern um einen Zweckbau. Was nicht ausschloß, an zentraler Stelle auch einige klassizistische Motive anklingen zu lassen.
Die zentrale Festhalle in der Mitte des Bades bildet hier eine Ausnahme. Man wollte auf die günstige Gelegenheit, Massen durch Propaganda beeinflussen zu können, nicht verzichten. Massen zumal, die man sich durch die preiswert »gewährten« Urlaubsplätze zu Dankbarkeit verpflichtet wähnte.
Bei der Klotzschen Planung überwiegen schiffsartige Baukörper, flache Dächer, Schmucklosigkeit, auch Kragdächer, große horizontale Fenster. Die vorgeschobenen Restaurant-Trakte sollten ganz in Glas aufgelöst werden.
Allerdings findet man im zentralen, repräsentativen Bereich an den beiden Empfangshallen am Festplatz, auch neoklassizistische Elemente, die offenbar den Übergang

△ *KdF-Seebad Rügen, 1936, Entwurf: Clemens Klotz, Architektur-Perspektive: Badestrand mit »angetretenen« Strandkörben, Strandpromenade, den langen Bettenhäusern und den zum Strand vorgeschobenen Gemeinschaftshäusern (rechts angeschnitten)*

Utensilien für das KdF-Bad Rügen, entworfen von der Bauabteilung der »Deutschen Arbeitsfront«

KdF-Bad Rügen, 1936,
Entwurf: Clemens Klotz,
Architektur-Perspektive der Innenansicht der geplanten Hallenbäder

zu der zentralen Festhalle darstellen sollten.
Die monumentale Länge wird durch die gebogene Form der Anlage gemildert. Der angrenzende Baumbewuchs macht es schlicht unmöglich, die tatsächlich gigantomanische Größe zu erfassen, sie etwa fotografisch darzustellen. An der Seeseite wird die Fassade bald, jedenfalls im gegenwärtigen Zustand, durch Bäume verdeckt, an der westlichen Landseite dreht sie sich aus dem Sichtbarkeitsbereich. In der Planung allerdings war kein Waldstreifen zwischen Düne und Gebäude vorgesehen, sondern eine gärtnerische Anlage, was die Länge der Gebäude hätte unverhüllter hervortreten lassen, allerdings immer nur über die Länge eines Flügels, also über ca. 500 Meter. Die Strukturierungen der langen Fassaden mit den »Gemeinschaftshäusern« und mit den vorspringenden Liegehallen sollten an der seezugewandten Seite die schier endlose Gebäudefront gliedern und den Eindruck von Monotonie mildern.
Die Bauwerke sind monolithische Stahlbeton-Skelett-Bauten, teilweise wurde auch eine Mischbauweise von monolithischem Stahlbeton und Mauerwerk angewandt. Die Gebäude wurden außen mit Ziegeln und innen mit leichten Trennwänden ausgefacht, sind also auch technisch durchaus moderne Bauwerke. Daß die Gebäude äußerlich als Klinker-Bauten erscheinen sollten, wie behauptet wurde *(91)*, ist unzutreffend. Offenbar sollten die Gebäude verputzt werden, wie es dann auch geschehen ist. Das Dach besteht aus einer dünnen Stahlbetonschale.
An technischen Modernitäten waren vorgesehen: das Turmcafé, die Schwimmhallen mit künstlichen Wellen, offene, strahlungsgeheizte Liegehallen, wobei die Heizungsspiralen einbetoniert wurden.

▷ *Der Standard-Raum für das KdF-Bad, alle Zimmer sind zum Meer hin orientiert*

Hitler besichtigt bereits 1935, also vor dem Wettbewerb, das Modell eines Zimmers nach dem Entwurf von Clemens Klotz

Das KdF-Bad ist weder »Kasernen-Architektur« noch »Nazi-Architektur«, noch handelt es sich um »Betonklötze« – vielmehr um eine Architektur, die zum überwiegenden Teil aus der klassischen Moderne kommt, und um eine Planung, die strikt an der Funktion orientiert ist, kaum um Repräsentation, Monumentalität, um das »Wort aus Stein« bemüht. Von Megalomanie kann man das Bauwerk allerdings nicht freisprechen, es sollte eben »das größte Seebad der Welt« werden – Megalomanie der Moderne.
In einer Dissertation über Clemens Klotz wird die Architektur des KdF-Bades so beurteilt: »Die Formensprache dieses Komplexes war einem sachlich-modernen Vokabular verpflichtet, bei dem die Architektur durch ihre Funktion bestimmt und in der Außengliederung sichtbar wurde. Die gleichmäßige, nur durch die Fensterreihung und die offenen Liegehallen bestimmte Fassadengliederung der Wohnhäuser, die komprimierte Zusammenfassung der versorgungstechnischen Einrichtungen in den rückwärtigen Flügel und die Auflockerung der gleichförmigen Reihung durch die geschwungene Linienführung der Gemeinschaftsbauten war nach den Prinzipien der Neuen Sachlichkeit entwickelt worden. In diesem Sinne ließen sich Architekturformen und -motive feststellen, die an Idealstadt-Entwürfe von Ludwig Hilberseimer, Hans Scharoun, Erich Mendelsohn oder Le Corbusier erinnerten; Elemente, die bereits in den späten zwanziger Jahren von Klotz erprobt worden waren und nun in einer weiterentwickelten Weise eingesetzt wurden.« *(92)*
Sogar internationale Anerkennung wurde dem Entwurf von Clemens Klotz zuteil. Das Modell wurde 1937 auf der Pariser Weltausstellung mit einem »Grand Prix« ausgezeichnet. Nicht aufgeklärt ist bisher das verbreitete Gerücht, die Projektunterlagen wären bereits in den dreißiger Jahren nach Argentinien verkauft worden.

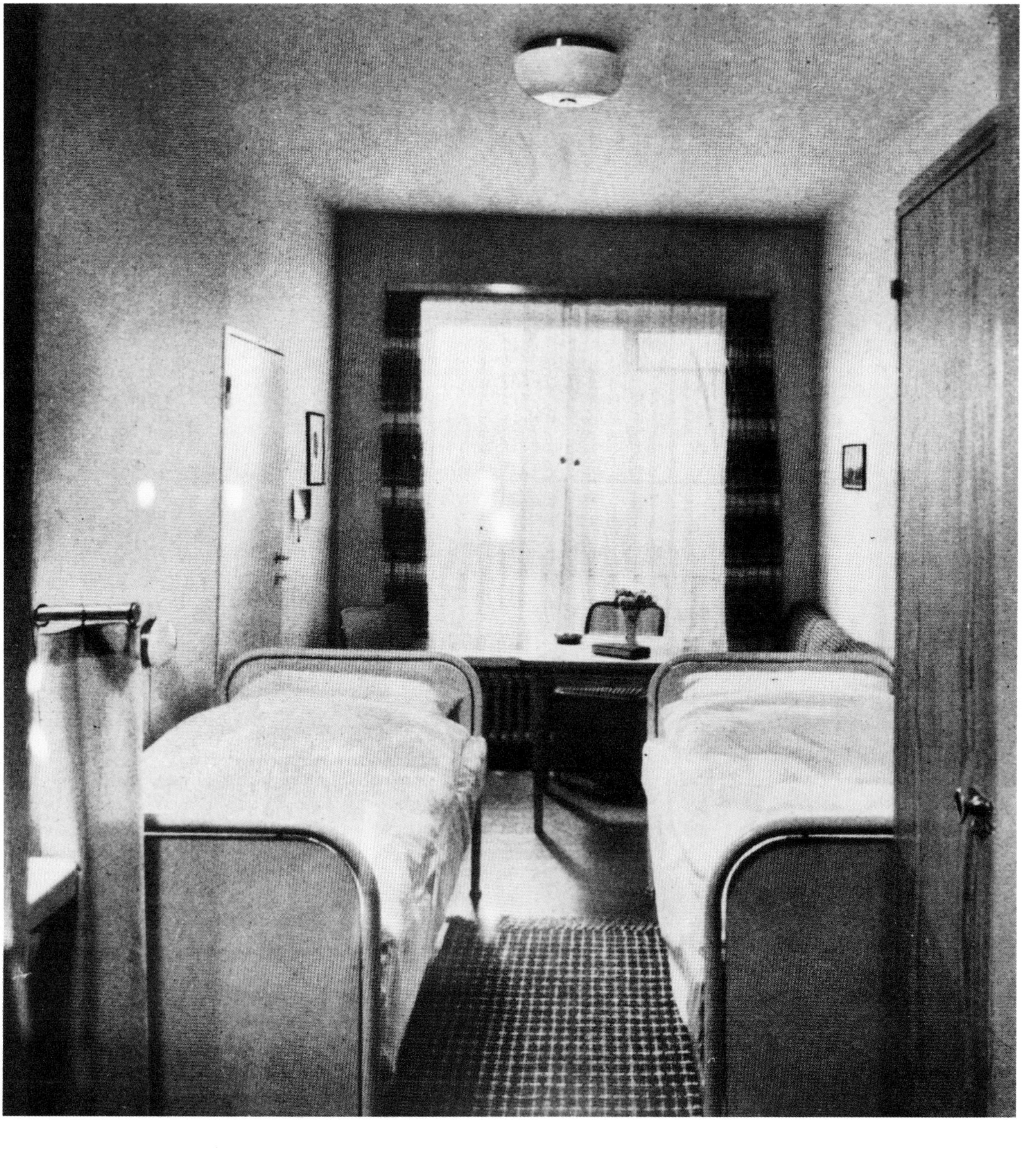

Der Bauvorgang

Am 2. Mai 1936 war die Grundsteinlegung. Im »Rügenschen Heimatkalender 1939« heißt es: »Am Tage nach dem ›Tag der nationalen Arbeit‹ 1936 fand an der Stelle, wo sich heute der Festplatz befindet, im Beisein von Tausenden von deutschen Arbeitern durch Reichsorganisationsleiter Dr. Ley die feierliche Grundsteinlegung statt.« *(93)* Auf Fotos von dieser Grundsteinlegung sind allerdings fast ausschließlich uniformierte »Arbeiter« zu sehen. Nur die vier, die den Grundstein mauern, haben helle Arbeitskleidung und einen Zylinder. Sonst, so weit man sehen kann, nur Uniformen, auf dem Wasser Militärschiffe, in der Luft Militärflugzeuge. Ein gutes Sinnbild des »Dritten Reiches« – Tausende von Uniformen und vier Arbeitende.

Die Eile mit der Grundsteinlegung war wegen des Symbolwerts des Datums geboten – der 2. Mai 1936 war der dritte Jahrestag des »revolutionären Sturms auf die Gewerkschaften«. An dem Tag wollte man zeigen, was alles für den Arbeiter getan wird.

Dann stand der Grundstein allein in der Landschaft – erst am 1. November 1936 bezog die Bauleitung das Kurhaus Prora in Binz.

Es begann die »große Bauschlacht in der Prora«. Vom benachbarten Nobelbad Binz wurde sie wohl am Anfang mit Mißtrauen verfolgt; das Bad der Großbourgeoisie sah verächtlich auf das sich proletarisch gebärdende Prora. Auch handfeste Auseinandersetzungen hat es wohl gegeben. Dann jedoch wurde der KdF-Bad-Bau von den Binzern angenommen.

Rügen war außerhalb der Saison eine einsame Gegend, Langeweile breitete sich aus, die Geschäfte gingen nicht. Mit einem Schlag waren jetzt mehrere tausend Menschen und Kunden da, und das war zunächst eine angenehme Abwechselung. Es gab auch Arbeit durch Prora, Hilfsarbeiter für den Bau wurden eingestellt, Bauern wurden mit ihren Gespannen beschäftigt. Handwerker bekamen Aufträge. Die Gegend belebte sich. Klotz wählte zum Baudirektor den Kölner Architekten Willi Heidrich, mit dem er schon bei den »Ordensburgen« Crössinsee und Vogelsang zusammengearbeitet hatte, und den er nun aufforderte, im Zusammenhang mit dieser großen Aufgabe Parteigenosse zu werden, was Heidrich am 1. Mai 1937 auch tat. Klotz selbst kam nur zwei- bis dreimal im Jahr nach Prora und wohnte dann gewöhnlich bei Heidrich. Das Baugelände, die Schmale Heide oder die Prora, war damals natürliches Waldgebiet, weder durch größere Straßen noch durch eine Eisenbahn erschlossen. Hier also sollte das »größte und gewaltigste Seebad der Welt« *(94)* entstehen.

Das ganze Projekt war so umfangreich und komplex, daß eine umfassende Planung der Baustellenorganisation, der Versorgung mit Baumaterialien, Wasser, Strom, der Abwasserentsorgung und des Verkehrs vorgenommen werden mußte. Fachleute für Heizung, Stark und Schwachstrom, Akustik, Sanitärinstallation, Gebäudeentwässerung, Statik sowie Garten- und Landschaftsgestaltung wurden hinzugezogen. Die Planung der Straßen- und Eisenbahnverbindungen erfolgte mit den Ämtern der Deutschen Reichsbahn und der örtlichen Verwaltung.

Grundsteinlegung in Prora am 2. Mai 1936 in Anwesenheit von Robert Ley (Mitte)

Nach den planerischen Vorarbeiten begann die Vorbereitung der Baustelle: Vermessungsarbeiten und Baugrunduntersuchungen. Es mußte vor dem Baubeginn eine Infrastruktur für den Transport von Menschen, Maschinen und Material, auch für die Unterbringung der Bauarbeiter, hergestellt werden, bevor mit dem Bau begonnen werden konnte.
Dem Bauvorhaben kam zugute, daß 1936 der Rügendamm fertiggestellt war, die erste feste Verbindung der Insel mit dem Festland. Die Zufahrtsstraße Karow–Kiekut–Prora und weiter nach Binz wurde gebaut, auch eine Straße längs des Bades und die notwendigen Erschließungsstraßen im Bad. Vorläufige Baustraßen sollten nicht angelegt werden. Am 15. Mai 1939 wurde die Eisenbahnstrecke Lietzow–Binz über Prora dem Verkehr übergeben und erstmalig der D-Zug-Verkehr Berlin–Binz aufgenommen. Die Pommersche Zeitung meldete: »Ab 26. Mai fährt folgender D-Zug: Binz ab 13.22 Uhr, Stralsund an 14.25 Uhr, Berlin an 18.04 Uhr.«
Kies, Sand, Wasser und Holz wurden auf der Insel gewonnen, alle anderen Baustoffe mußten vom Festland bezogen werden. Für den Materialtransport dienten mehrere Eisenbahn-Nebenanschlüsse. In Zirkow, neun Kilometer von der Baustelle entfernt, entstand ein Kieswerk, der Kies wurde gleich gesiebt und mit einer Feldbahn zur Baustelle transportiert. Diese Feldbahn wurde dann ausgebaut, an die Eisenbahnlinie und die Löschbrücke an der Schiffsanlegestelle angeschlossen und zur Verteilung von Material auf der Baustelle benutzt. Ein zentrales Mörtelwerk wurde eingerichtet.
Materialtransporte erfolgten durch die Eisenbahn, über die Straße und auf dem Seeweg. Für die Schiffstransporte mußte der Hafen Lauterbach ausgebaut werden, der Weitertransport kam dann über die Straße; auch eine Löschbrücke an der Kai-Anlage des Bades für Schiffe bis 200 t wurde angelegt, so daß bei günstigem Wetter und Wind hier Material entladen werden konnte.

Rodungsarbeiten für das KdF-Bad, links die Baubaracke

Erdarbeiten wurden weitgehend manuell durchgeführt. Bauern halfen mit ihren Gespannen aus. Die Feldbahn mit den »Loren« war das wichtigste Transportmittel

▷ Plan von Ost-Rügen für die Transportwege zum KdF-Seebad, aus: Der Deutsche Baumeister, H. 8 (August), 1939

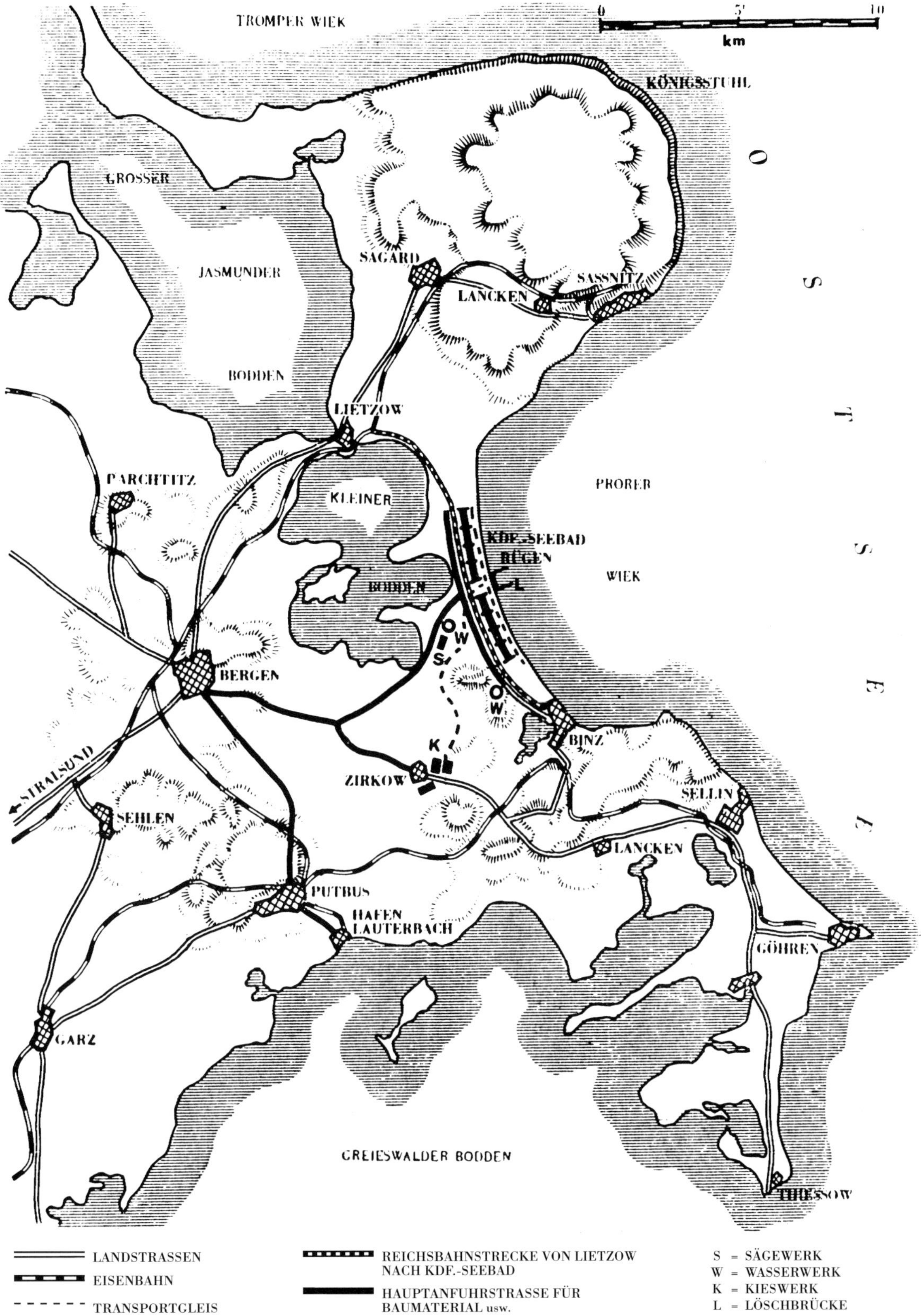

TROMPER WIEK
0 5 10
km
KÖNIGSSTUHL
GROSSER
JASMUNDER
BODDEN
SAGARD
LANCKEN
SASSNITZ
O S T S E E
LIETZOW
PARCHTITZ
KLEINER
BODDEN
KDF.-SEEBAD
RÜGEN
L
PRORER
WIEK
S
W
K
BERGEN
BINZ
ZIRKOW
STRALSUND
SEHLEN
SELLIN
LANCKEN
PUTBUS
HAFEN
LAUTERBACH
GÖHREN
GARZ
GREIFSWALDER BODDEN
THIESSOW
LANDSTRASSEN
EISENBAHN
TRANSPORTGLEIS
REICHSBAHNSTRECKE VON LIETZOW
NACH KDF.-SEEBAD
HAUPTANFUHRSTRASSE FÜR
BAUMATERIAL usw.
S = SÄGEWERK
W = WASSERWERK
K = KIESWERK
L = LÖSCHBRÜCKE

Betonarbeiten

Mehrere Tiefbrunnen entstanden in sieben bis zehn Kilometer Entfernung von der Baustelle, die täglich bis zu 10 000 Kubikmeter Wasser liefern konnten. Zur Klärung der Abwässer war westlich der Straße Binz–Saßnitz eine Art Klärgrube angelegt worden, die wohl auch während der Bauzeit funktioniert hat, nach dem Krieg aber, bei voller Belegung als Kaserne, überlastet war, was dann zum biologischen Umkippen des Kleinen Jasmunder Boddens geführt hat. Ursprünglich war für das eigentliche Betreiben des Bades auch kein Klärwerk geplant gewesen, vielmehr sollten »Verregnungsanlagen für landwirtschaftliche Gebiete« gebaut werden und damit »Ländereien versorgt, die bis jetzt fast brach liegen und somit fruchtbar gemacht werden«. *(95)*
Immer wieder wurde betont, daß beim Bau der Wald weitgehend geschont würde. »Es war die größte Pflicht, den natürlichen Charakter der Landschaft soweit wie irgend möglich zu wahren und den vorhandenen, teils herrlichen Baumbestand zu erhalten.« *(96)* Dementgegen wurden 150 000 Kubikmeter Holz eingeschlagen, die in einem eigenen Sägewerk verwertet und teilweise verkauft wurden. Die Planung sah auch gar keinen Wald zwischen der See und den Gebäuden vor. Architektur-Perspektiven zeigen die Gebäude

Willi Heidrich und Clemens Klotz (links), in der Mitte Robert Ley

vor einem annähernd baumlosen, kahlen Strand. Seewärts war nur noch ein Grünstreifen vorgesehen oder, wie es an anderer Stelle heißt: »... gärtnerische Anlagen, die in reichem Blumen- und Baumschmuck das Gesamtbild farbig beleben«. *(97)* Die unvermeidliche Zerstörung des Naturschutzgebietes und der Landschaft ist damals von der Öffentlichkeit offenbar kritisch aufgenommen worden, der »Völkische Beobachter« sah sich jedenfalls veranlaßt, publizistisch dagegen anzugehen. »Nicht etwa, daß die Gegend, die schöne Naturlandschaft der Insel Rügen dadurch beeinträchtigt, vielleicht sogar verschandelt wird. Nein, jenen Besserwissern, die mit derartigen Behauptungen kamen, sei gesagt, daß die Bauweise so gewählt ist, daß sie sich der gegebenen Landschaft einfügt und anpaßt, sich nicht im geringsten abhebt und daher keineswegs störend wirkt.« *(98)*

Gemeinschaftshaus während der Bauarbeiten

◁ *Die Kaimauer im Bau, Stahlbaukonstruktion mit Klinkern verblendet*

Arbeitspause der Bauarbeiter, die Stammarbeiter der beteiligten großen Baufirmen kamen aus ganz Deutschland

Nach den Vorbereitungen wurden die Rohbauarbeiten ausgeschrieben und danach acht Großbaufirmen beauftragt. Das waren die leistungsfähigsten deutschen Baufirmen: Philipp Holzmann AG, Siemens-Bauunion, Dyckerhoff und Widmann, Polensky & Zöllner, DEUBAU, Hochtief, Beton- und Monierbau, Boswau und Knauer. Jede Gruppe baute einen der großen Gebäude-Flügel, die Firma Sager und Wörner die Kai-Anlage. Die Firmen arbeiteten in zwei Arbeitsgemeinschaften, im Nord- und im Südabschnitt, zusammen. Dazu kamen Dutzende von kleinen Firmen, insgesamt ist von 48 Baufirmen die Rede. *(99)*
Die Firmen brachten ihre Facharbeiter und ihre Baumaschinen mit, auch ihre eigenen Bauleiter, von der Insel wurden nur Hilfsarbeiter eingestellt. Das KdF-Bad wurde zu einer Prestige-Baustelle des »Dritten Reiches«. Die Maurerbrigade der Firma Hochtief, die vorher an der Reichskanzlei in Berlin gearbeitet hatte, kam nach Prora.
Dem Baudirektor Willi Heidrich gelang die Koordination der gesamten Baustelle, und er setzte ein sehr rasches Bautempo durch. Heidrich beschreibt

Betonarbeiten an einem der Gemeinschaftshäuser

es selbst so: »Durch die zweckmäßige Einrichtung der Baustelle, den richtigen Einsatz von Maschinen und die Errichtung des Kies- und Mörtelwerkes war es möglich, die äußerst umfangreichen Arbeiten mit einer verhältnismäßig kleinen Zahl von Fach und Hilfsarbeitern durchzuführen. Es sei nur ein Beispiel erwähnt: An der Herstellung des Mörtels für das gesamte KdF-Seebad Rügen und dessen Weiterbeförderung zur Verwendungsstelle sind ... nur fünf Arbeitskräfte beschäftigt. Für die gleiche Arbeit wäre unter den allgemein üblichen Verhältnissen zum mindesten die zehnfache Zahl an Arbeitskräften erforderlich.« *(100)*

Jede der acht großen, leistungsfähigen Firmen hatte ein Bettenhaus zu bauen. Sie wetteiferten miteinander um das größte Bautempo. Hochtief hatte als einzige Firma einen großen Kran eingesetzt und dann auch als erste die Richtkrone auf ihrem »Block«. Damals war man allgemein sehr stolz auf technische Leistung und Effizienz und stellte sie auch gern propagandistisch heraus. Meistens sah das dann so aus, als ob es die Effizienz des NS-Staates wäre.

Baudirektor und Oberbauleiter Willi Heidrich

Bauzustand Sommer 1938, die Häuser wurden in der ganzen Länge gleichzeitig gebaut

Zunächst wurden Straßen und Bahnanlagen gebaut, die Strandpromenade befestigt, Rodungen und Ausschachtungen vorgenommen und das Grundwasser durch Pumpen abgesenkt. Allein eine Million Kubikmeter Erdaushub war erforderlich. Die Größe der Anlage und die Länge der erforderlichen Leitungen machten teilweise sehr tiefe Baugruben und tiefgelegene mehrgeschossige unterirdische Bauwerke erforderlich, auch das Grundwasser mußte ferngehalten werden, was letztlich nicht gelungen ist. Inzwischen stehen alle tiefergelegenen unterirdischen Räume unter Wasser.

»Als am 1. August 1937 die ersten Karten und Briefe mit dem Stempel ›KdF-Seebad Rügen‹ das neue Postamt verließen, war eine Etappe in der großen Bauschlacht in der Prora erreicht.« *(101)*

Im April 1938 wurde mit der Fundamentierung begonnen. Und im Oktober 1938 war bereits Richtfest für das erste der 500 Meter langen Bettenhäuser. Zeitweise waren über 2 000 Arbeitskräfte auf der Baustelle beschäftigt. Die Angaben darüber in der zeitgenössischen Presse schwanken allerdings beträchtlich, je nachdem, wer die Angaben machte: entweder die Bauleitung, die es genau wissen mußte und Interesse an der Darstellung ihrer eigenen Effizienz hatte, oder Ley von der Arbeitsfront, der wiederum beweisen wollte, wie tatkräftig und mit wie vielen Leuten das Unternehmen in Angriff genommen wurde. In der KdF-Zeitung »Arbeitertum« wird 1937 behauptet: »Seit dem ersten Spatenstich sind jedenfalls durchschnittlich 5 000 Arbeiter auf die Dauer von 30 Monaten allein auf der Baufläche beschäftigt.« *(102)* In der »Pommerschen Zeitung« vom 30. März 1938 dagegen heißt es, nach einem Interview mit Ley: »An unserem KdF-Bad arbeiten zur Zeit rund 3 000 Menschen, 7000 sollen es noch werden, damit das Bad in zwei bis drei Jahren fertiggestellt sein wird.« Der Völkische Beobachter spricht von »2 300 im Augenblick hier tätigen Arbeitern, die aus allen Teilen des Reiches nach Rügen gekommen sind«. *(103)* Einige Dutzend waren in der Bauleitung tätig. Es ist für diese Leute zunächst wohl eine gute Zeit gewesen, in einer schönen Landschaft, relativ frei und unbelastet an einer als sinnvoll empfundenen Aufgabe zu arbeiten.

Hans Schulten, der als Mitglied der damaligen Bauleitung in jungen Jahren nach Prora gekommen war, erzählt: »Ich entstamme einer alten SPD-Familie, und mein Vater hatte mich schon beizeiten gewarnt, aber nun – ich fing hier an umzukippen, weil ich den Krieg ja nicht ahnen konnte. Ich hab' gesagt – das ist glänzend, was hier geschieht, wenn das wirklich dem kleinen Manne zugute kommt ..., ich war begeistert. Ich kriegte 'ne Wohnung, ein Ehestandsdarlehen, konnte heiraten. Das war auch für meine Frau eine wunderbare Sache.« *(104)* Trotz dieser Vorteile ist Schulten als einziger aus der Bauleitung nicht in die NSDAP eingetreten, weil er aus seinem familiären Umfeld bei allem »Umkippen« einen gesunden politischen Instinkt behalten hatte. Er wurde sogar wegen eines politischen Witzes von einem seiner Kollegen denunziert – ganz so idyllisch scheint es auf der Baustelle Prora denn doch nicht zugegangen zu sein.

Das Bauvorhaben wurde, versteht sich, immer wieder zur Propaganda für das Nazi-Regime benutzt. Die Berichterstattungen sind häufig geradezu lyrisch: »Wohin die Augen blikken, erfassen sie ein Bild der Arbeit.

Festplatz-Randbebauung, abgerundeter Bautrakt mit Kaffeehaus und Kleinkunstbühne, Bauzustand 1939

Erste Richtkrone auf einem Wohnblock im Oktober 1938

Da türmen sich riesige Sandmassen neben großen Schächten zu spitzen Pyramiden, da klingt fortwährend das ›Hau-ruck‹ der Arbeiter. Maschinen singen ihr Lied stärker als das Meer, dessen Wellen in ewigem Gleichklang gegen die Küste schlagen. Züge fahren ratternd über die zwölf Kilometer lange Gleisanlage, auf der mit 18 Lokomotiven und unzähligen Wagen Kies und Mörtel, Steine und Beton herangebracht werden. In den Schächten stehen Hunderte von Arbeitern und lassen die Schaufeln fliegen. Der Sand spritzt hoch, Spundwände werden gezogen, das andrängende Grundwasser besiegt.« *(105)*

Die Unterbringung der Bauarbeiter erfolgte in großen Barackenlagern. Für ihre Unterhaltung war eine große, 2 500 Menschen fassende Holzhalle aufgestellt worden, »in der regelmäßig Theater-, Film- und Kleinkunstvorführungen« stattfanden. Diese Halle war dem Vernehmen nach die Eislauf-Olympia-Halle aus Garmisch-Partenkirchen, die – wie sollte es anders sein – »größte Holzhalle Europas«. »Die ordentliche Unterbringung und Verpflegung der Arbeiter, deren einwandfreie soziale Betreuung und eine praktische Feierabendgestaltung trägt nicht unwesentlich zur Leistungssteigerung der Arbeiter bei.« *(106)*

Bei der Projektierung und bei der Bauausführung kam es auf äußerste Präzision an. Im Stahlbeton mußten alle notwendigen Durchbrüche und Kanäle von vornherein berücksichtigt werden, weil sonst sehr aufwendige Stemmarbeiten notwendig geworden wären. Rohre und Leitungen wurden auch teilweise einbetoniert. Die Kriegswirtschaft im NS-Deutschland der Vorkriegszeit zwang zu äußerster Sparsamkeit: Wenig Holz wurde verbaut, das Dach aus dünnen Betonschalen gestaltet, die Schalungshölzer wiederverwendet, Stahl als Leicht- und Hohlprofile eingesetzt. Improvisationen während des Baus waren erforderlich. So wurden, um Bewehrungsstahl zu sparen, die statisch notwendigen Säulen an der Empfangshalle zwar aus Stahlbeton gefertigt, die anderen jedoch gemauert, was heute befremdlich aussieht, weil die gemauerten Säulen unverputzt blieben.
17 Monate nach dem Beginn der Fundamentierungsarbeiten, mit Kriegsbeginn am 1. September 1939, wurde der Bau abrupt gestoppt. Zu diesem Zeitpunkt war das riesige Vorhaben bereits zum größten Teil rohbaufertig, allerdings noch ohne Dachhaut, ohne Treppenstufen, auch ohne Fenster, und an verschiedenen Stellen war die endgültige Höhe der Gebäude noch nicht erreicht. Es wurden nur noch die Decken dicht gemacht, und dabei blieb es zunächst.
Hans Schulten, heute Pensionär in Köln, sagte in einem Interview: »Als der Krieg mit Polen ausbrach, kam ein Mann von der Organisation Todt und sagte: ›So meine Herren, jetzt ist hier vorerst Feierabend. Der Sieg ist ja schnell erreicht und dann machen wir weiter.‹ Man konnte ja nicht ahnen, daß es ein Weltkrieg wurde. Dann mußten wir ein Großteil der Arbeiter und Geräte nach Peenemünde und zum Westwall schaffen. Daran können Sie schon erkennen, daß dieses Haus mit dem Krieg gar nichts zu tun hatte. Es war das erste, was zugemacht wurde.« *(107)*

Erdgeschoß einer der in die Bettenhäuser integrierten Liegehallen, die als reine Stahlbetonkonstruktion ausgeführt wurden

Baudirektor und Oberbauleiter Willi Heidrich (zweiter von rechts) und Clemens Klotz (links daneben) auf der Baustelle

Nun gab es aber im Deutschland der späten dreißiger Jahre kaum etwas, das nicht mit Krieg zu tun gehabt hätte, sei es mit direkter Aufrüstung oder mit indirekter, psychologischer Vorbereitung, mit der Einstimmung der Volksgemeinschaft. Auch bei dem KdF-Bad war von Anfang an das erklärte Hauptziel, das Volk für den nächsten Krieg körperlich zu ertüchtigen, seine »Nerven zu stärken«. Dazu kam noch der ausdrückliche Wunsch Hitlers, daß man »das Ganze im Falle eines Krieges auch als Lazarett verwenden« können sollte. Gegen Ende des Krieges wurden darüber hinaus in Prora noch russische Kriegsgefangene und osteuropäische Zwangsarbeiter von der Wehrmacht eingesperrt.
Als der Bombenkrieg viele Hamburger obdachlos gemacht hatte, baute man im Süd-Abschnitt die Segmente 1 und 2 des Flügels 1 für sie provisorisch aus. Hans Schulten beschreibt es so: »Während des Krieges hat der sogenannte Gauleiter von Hamburg, Kaufmann hieß er, nach den schweren Bombennächten den ersten Abschnitt Süd belegen lassen. Feldbetten, Fenster schnell rein nach NS-Methode. Die Arbeiten wurden von russischen Zivilarbeitern gemacht unter den schlimmsten Verhältnissen.« *(108)* Nur andeutungsweise ist etwas über diese dunkle Periode Proras zu erfahren. Die ausländischen Zwangsarbeiter wurden nach allem, was man jetzt erfahren kann, nicht allzu streng bewacht, aber schlecht ernährt und nicht entlohnt. Auch Frauen wurden hier als Zwangsarbeiterinnen gefangen gehalten – der schöne Schein war verflogen, die nackte Gewalt herrschte auch im Ferienparadies. Nicht von ungefähr und nicht nur aus Trauer um ihren »geliebten Führer« haben sich Angehörige des Baustabes Prora im Mai 1945 entleibt. Am Kriegsende waren die meisten der Bettenhäuser rohbaufertig, lediglich der vierte Flügel des Südabschnittes war bis zum vierten Geschoß gediehen. Ausgebaut waren, wie erwähnt, die Segmente 1 und 2 des ersten

Robert Ley bei einer Baustellenbesichtigung in Prora – ganz links: Hans Schulten aus der Bauleitung

Flügels im Süden. Die Gemeinschaftshäuser und die Festplatz-Randbebauung waren in unterschiedlichem Grad rohbaufertig. »Rohbaufertig« heißt hier: Die Beton- und Mauerarbeiten waren abgeschlossen, das Dach abgedichtet, doch Fenster, Türen, Heizungen, Treppenstufen noch nicht eingebaut.
(Den Bauzustand am Kriegsende zeigt der Lageplan auf Seite 110.)

Teilansicht der rohbaufertigen Bauten, etwa 1939

Teilansicht mit Eingang
Siemensstadt
Siemens-Bau-Union
Gemeinschaftsraum
Gemeinschaftslager der Siemens-Bau-Union G. m. b. H.
Baust. K. d. F. Seebad Rügen

◁ *Eine der ersten Ansichtskarten des KdF-Seebades Rügen – das Arbeiterlager der Siemens-Bau-Union*

△ *Bauleitungsbaracke, hinten: Hans Schulten*

△ *Ursprünglich für den weiblichen »Arbeitsdienst«, also für das Personal des KdF-Bades, vorgesehenes Wohnlager*

Geländeeigenes Postamt, Zustand 1992

Wohnsiedlung für die Angestellten des KdF-Bades, Zustand 1939

Nachkriegsgeschichte

Im Krieg waren die Leute von der Großbaustelle KdF-Bad entweder beim Militär oder zu anderen »kriegswichtigen« Baustellen versetzt worden. Herr Schulten aus der Bauleitung arbeitete auf einer Baustelle im Rheinland. Oberbauleiter Willi Heidrich war auch nicht eingezogen worden, sondern stand der Wehrmacht für technische Beratungen zur Verfügung und erlebte das Kriegsende in Prora als stellvertretender Ortsgruppenleiter der NSDAP.
Hans Schulten kam im April 1945 entgegen der allgemeinen Fluchtrichtung Westen mit einem Moped zu seiner Familie nach Rügen. Er mußte wegen der SS-Straßensperren nachts fahren. Da er in Prora als »Nichtparteigenosse« galt, war er den Russen vertrauenswürdig, und sie machten ihn zunächst zum Bürgermeister von Binz und später zum Bezirksbürgermeister in Sellin. In diesem Amt konnte er die Hand über seinen vormaligen Chef Heidrich, der häufig denunziert wurde, halten, und als das auch nichts mehr nützte, ihn rechtzeitig warnen, so daß der ehemalige Baudirektor mit seiner Familie und wenigen Habseligkeiten auf einem Handwagen in Richtung Köln fliehen konnte. Später mußte Schulten dann auch fliehen, weil er sich als Amtsperson geweigert hatte, CDU-Wahlplakate abreißen zu lassen. Er war dann als Architekt und Bauunternehmer in Köln noch recht erfolgreich tätig.
Bereits im Krieg waren viele Flüchtlinge aus Hamburg und aus dem Osten in das KdF-Bad gekommen. Sie wurden in den zwei ausgebauten Treppenhaus-Segmenten im ersten Flügel des Süd-Abschnitts, in den Wohnhäusern für die Angestellten und in den Arbeitsdienst-Lagern untergebracht.

Nach dem Ende des Krieges wurde demontiert und geplündert. Die sowjetische Besatzungsmacht verpflichtete die deutsche Bevölkerung, für die Reparations-Demontage zu arbeiten. Aus dem kleinen, bereits ausgebauten Abschnitt wurden Türen, Fenster und Heizkörper herausgeholt, aber auch alles, was an zentralen Einrichtungen nicht »niet- und nagelfest« war, wurde gesammelt: Turbinen, Heizanlagen, Holzfertigteile für Baracken, Gleise, alles, was noch anderweitig verwertbar schien. Dieselben Leute, die den Bau als Transport- und Hilfsarbeiter unterstützt hatten, waren jetzt bis 1947 mit der Demontage beschäftigt. Viel ging zu Bruch, wenn zum Beispiel Keramik-Heizkörper aus dem Fenster geworfen wurden. Die demontierten Gegenstände mußten in handhabbare, eine Tonne schwere Kisten gepackt werden und wurden zum Saßnitzer Hafen abtransportiert.
Dann schien die Anlage zur Baustoffgewinnung und allgemeinen Plünderung freigegeben. Auch ortsansässige Baufirmen und Privatpersonen griffen zu. Sogar vom Festland kamen »Materialbeschaffer«. Ziegel wurden aus den gemauerten Teilen der Gebäude gewonnen, Mörtel abtransportiert. Geschirr und Bettwäsche, Bettvorleger und Decken, Badehosen und Strandkörbe, für das KdF-Seebad eigens entworfen und produziert, wurden mitgenommen und sind teilweise noch heute in einigen Haushalten in Binz und Umgebung zu finden und es gibt Häuser, die nur aus Abbruch-Ziegeln aus Prora gebaut wurden. Diese Beschaffung von Baumaterial dauerte bis 1949 an.
Bei den Abrißarbeiten sind durch Ein- und Abstürze einige Personen ums Leben gekommen. Das wurde zum Vorwand genommen, den vierten,

Reste der nördlichen Randbebauung des Festplatzes

südlichsten Flügel des Südabschnittes und das angrenzende 11. Segment des Flügels 3 sowie Teile des Nordabschnittes – hier den Flügel 3 und die Festplatz-Randbebauung – zu sprengen. Das geschah 1948 und vor allem 1949. In jenen Jahren waren deutsche Sprengkommandos tätig, entgegen den ständigen Behauptungen, die Russen hätten hier gesprengt und das nicht sachkundig getan. *(109)* Der monolithische Beton erwies sich jedoch als sehr widerstandsfähig. Bei den Sprengungen im Süden sollen in Binz die Fensterscheiben zersprungen sein. Die Flügel 3 und 4 des Nordabschnittes wurden nie ausgebaut und bis in die siebziger Jahre für militärische Übungen, auch zu Sprengübungen, benutzt.
1946 erging der Befehl 209 der sowjetischen Militär-Administration über den Siedlungsbau nach der Bodenreform, und dementsprechend konnte dann, quasi amtlich, Baumaterial aus dem KdF-Bad gewonnen werden.

Die ersten Ausbauten in den fünfziger Jahren nutzten die vorspringenden Liegehallen für Balkons

Interieur in den fünfziger Jahren

Erst Ende 1949 wurde der unkontrollierte Abriß gestoppt, gleichzeitig die 1. Polizeibereitschaft aus Kühlungsborn nach Prora verlegt und in dem Arbeitsdienstlager Süd untergebracht. Damit begann die Militarisierung Proras, obwohl auch vorher viele Uniformen zu sehen gewesen waren. Das Militär bemächtigte sich allmählich des gesamten Geländes und erweiterte es sogar beträchtlich in Richtung Westen.
Dabei spielte auch die »Aktion Rose« von 1953 eine Rolle. Sie wurde in der gesamten Küsten-Region veranstaltet und hatte die Vertreibung der gehobenen sozialen Schichten, der Pensionsinhaber und Hotelbesitzer in den Ostsee-Bädern zum Ziel. In einer Nacht- und Nebelaktion kamen Polizisten von möglichst weit her – aus Sachsen zum Beispiel – und besetzten zunächst das Kreispolizeiamt in Bergen. Dann begannen Verhöre und Haussuchungen und andere Einschüchterungsmanöver gegenüber der Bevölkerung. Der kleinste Lebensmittelvorrat wurde als »Hamsterei« ausgegeben und durch diese Maßnahmen schließlich der Zweck erreicht – viele Einwohner von Binz verließen ihre Heimat in Richtung Westen. Damit wurde zugleich Platz für Betriebs- und Gewerkschafts-Ferienheime geschaffen, und Prora konnte anderweitig, nämlich militärisch, verwendet werden. Allerdings war die »Aktion Rose« nicht speziell auf Prora bezogen und hatte für Prora auch nur periphere Bedeutung.
1950 begann der Neuaufbau an den noch vorhandenen drei Flügeln des südlichen und den zwei Flügeln des nördlichen Abschnittes. Auch die südliche Begrenzung des Festplatzes wurde teilweise wiederauf- und ausgebaut. Die ehemalige Empfangshalle und der landeinwärts gelegene Restaurant-Theater-Komplex wurden zum »Haus der Armee«, eine Gaststätte, eine Sporthalle und ein großer Saal für etwa 1 000 Personen; der Raum wurde gegenüber der Original-Planung verkleinert, ursprünglich sollte hier ein Theater für 5 000 Besucher entstehen.
Teilweise dieselben Leute, die schon einmal beim Bauen und einmal beim Abriß geholfen hatten, wurden jetzt wieder mit dem Neuaufbau befaßt. Dazu kamen bis zu 20 000 Soldaten der »Kasernierten Volkspolizei«, die in einer Zeltstadt wohnten und zu den Bauarbeiten herangezogen wurden. *(110)* Bauherr war der legendäre »Inselkommandant« Pilz, ein weltkriegerprobter Offizier, der ein recht unkontrolliertes, selbstherrliche und willkürliches Regime in Prora führte. Er fühlte sich als Inselkommandant und erlaubte sich zahlreiche Übergriffe auch auf die Zivilbevölkerung, bis er 1959 abgelöst werden mußte.

Von ihm kursieren auf Rügen noch immer Anekdoten, wobei sein leibhaftiges Auftreten damals vor allem Angst verbreitete und junge Soldaten sogar zum Selbstmord getrieben hat. *(111)*
Unter dem Kommandeur Pilz erfolgte im März 1953 auch die beträchtliche Erweiterung des militärischen Geländes auf 2 130 Hektar. Der gesamte Kleine Jasmunder Bodden einschließlich des Uferstreifens wurde einbezogen, dazu die Siedlungen Dollahn, Heidehof, Buhlitz, Tribberatz, Mustitz, Hagen, die Insel Pulitz und die Halbinseln Stedar und Buhlitz, ein riesiges Areal, indem als Enklaven die Orte Lubkow und Kiekut blieben. Neue »Wüstungen« entstanden. Orte wie Lubkow wurden durch das Militär bedrängt, Äcker konfisziert, Bauern schikaniert, falls sie sich gegen militärische Übergriffe auf ihre Felder wehrten, Anschuldigungen wegen »staatsfeindlicher Hetze« waren schnell bei der Hand.
Der Bauer Kurt Ott aus Lubkow hatte bereits in den dreißiger Jahren mit seinem Vater beim Bau des KdF-Bades mitgeholfen. Nach dem Krieg mußte er jahrelang bei den Demontage- und Abrißarbeiten helfen, da allerdings ohne Bezahlung. Die Otts bewirtschafteten seit 1932 vierzig Hektar Land in Lubkow. Die Hälfte davon wurde der Familie durch das Militär entschädigungslos weggenommen und die verbleibende Fläche auch noch von Zeit zu Zeit für Übungen in Anspruch genommen. Eine von Panzern abgefeuerte Rakete schlug in einer Scheune ein. Damals schrieben der Kreisvorsitzende Klaus Eckfeldt und der Kreissekretär Friedhelm Wagner der DDR-CDU an den Standort Prora der Nationalen Volksarmee: »Werte Genossen ... Wir Christen sehen in der DDR das Vaterland des Volkes. Wir unterstützen die Friedenspolitik der Regierung, weil wir darin auch die Verwirklichung echter christlicher Anliegen sehen. Die Nationale Volksarmee ist dazu bestimmt, diesen Staat und seine Errungenschaften zu schützen. Ungezählte junge christliche Demokraten und auch parteilose Christen leisten aus dieser Erkenntnis heraus ihren bewaffneten Ehrendienst in der Nationalen Volksarmee. Sie erblicken darin jene legitime Form des Dienstes am Frieden und am Mitmenschen, den die Weltlage von Ihnen fordert und den ihnen auch ihr Glaube gebietet. Seit jeher weiß sich die CDU eng verbunden mit der Armee des Volkes. In der Mitarbeit an allen Maßnahmen, die für die sozialistische Landesverteidigung erforderlich sind, sehen wir eine notwendige und legitime Form christlicher Friedensliebe.« Sie grüßen mit »sozialistischem Gruß«. *(112)* Daß das Kurt Ott auch so gesehen hat, ist zu bezweifeln. Er kämpft heute noch mit

Hans Schulten in Köln als erfolgreicher Bauunternehmer und Sport-Mäzen (dritter von rechts: Max Schmeling)

wenig Aussichten um die Rückgabe seines Bodens. Die Herren Eckfeldt und Wagner hatten inzwischen Karriere gemacht, der eine war zeitweilig Rügener Landrat, der andere Verwaltungsdirektor des Kreises.
Der Ausbau von Prora in den fünfziger Jahren war dilettantisch und entsprachen ganz und gar nicht den ursprünglichen Plänen. Die waren damals ohnehin nicht mehr zugänglich und die Architekten und Bauleiter bereits im Westen. Die architektonische Gestaltung hat übrigens kaum jemanden interessiert. Wenn man überhaupt nach Bauplänen suchte, dann um den Verlauf von Leitungen und Räumen daraus zu ersehen. Das Militär hatte keinerlei ästhetische Ansprüche.
Das KdF-Bad wurde nicht nur durch Abrisse und Sprengungen dezimiert und durch unsachgemäßen Ausbau verstümmelt, sondern auch durch technische Veränderungen – zum Beispiel Einbau von Ofenheizung mit Schornsteinen anstelle der Zentralheizung. Die Dachhaut wurde durch die Schornsteine beschädigt und mangelhafte Heizung in den Räumen führte zu Frostschäden an einbetonierten Wasserrohren – Schäden, die bis heute immer wieder auftreten. Die Bronze-Ringe der Regenwasser-Einflüsse auf den Dächern waren entwendet worden, damit funktionierte die Dachentwässerung nicht mehr. Später wurde deshalb die moderne innere Dachentwässerung durch außenliegende Abflußrohre ersetzt, die dann auf den ungegliederten Fassaden eine merkwürdig dominierende Rolle einnehmen. Solche Eingriffe haben die an sich stabilen und sicheren Bauten nachhaltig geschädigt. Der ursprüngliche Entwurf, der ja ohnehin nur unvollständig realisiert worden war, kann in den verbliebenen Resten kaum noch erkannt werden. Übrigens war die sechsgeschossige, einhüftige Anlage für den Ausbau der Kaserne kaum geeignet.
1956 war der Ausbau vorläufig abgeschlossen, aber immer wieder wurde etwas umgebaut, Prora blieb eine latente Baustelle.
Die beiden ausgebauten nördlichen Flügel bezog 1956 die Rote Armee, den südlichen Abschnitt die »Nationa-

Der ehemalige Bauleiter Hans Schulten 1991 vor dem Rohbau eines Flügelteils im Nordabschnitt.

le Volksarmee« nach ihrer Gründung 1956. 1962 räumte die Rote Armee Prora wieder, der Nordabschnitt wurde neu ausgebaut und mit deutschen Truppen belegt. In Prora wurde die 8. Motorschützendivision stationiert. Militärs wissen, daß dazu drei Motorschützenregimenter, ein Panzerregiment sowie ein Artillerieregiment gehören. Dazu kommen einige selbständige Bataillone: ein »chemisches«, ein Transport-Bataillon, ein Instandsetzungs-Bataillon und ein Raketen-Bataillon, die aber alle noch zu der 8. Motorschützendivision gehören, immer nach der Nomenklatur der Roten Armee und – was immer man sich unter diesem militärischen Fachjargon vorstellen mag – ca. 15 000 Menschen umfassen. Dazu kam das Fallschirmjäger-Bataillon, das auch in Prora stationiert war, mit 400 bis 500 Soldaten; die einzige Fallschirmjägereinheit in der DDR und direkt dem Ministerium unterstellt.

Ziemlich eng ist es damals in Prora zugegangen. Die ehemaligen KdF-Bettenhäuser waren nur provisorisch ausgebaut und enthielten Schlafsäle mit dreigeschossigen Betten für 120 bis 240 Mann. Geübt wurden unter anderem Landemanöver mit Panzern, Panzerschießen und Fallschirm-Absprünge ins Wasser.

Schießplätze entstanden, zunächst an den Kai-Mauern, dort kann man ihre Spuren noch finden und auch in den Ruinen im Nord-Abschnitt, später weiter landeinwärts. Dort wurde auch eine sogenannte »Panzer-

Endlose Korridore in den Kasernen

Südliche Festplatz-Randbebauung, Kaffeehaus- und Kleinkunstbühnen-Trakt, ehemaliges »Haus der Armee«. Ein Bau der Moderne – ähnlich sollten auch die Gemeinschaftshäuser gestaltet werden

wippe« gebaut, die fahrende Panzer für Zielübungen simulierte. Im großen Übungsgelände um den Kleinen Jasmunder Bodden wurden an vielen Stellen Schießübungen abgehalten. Bauern und Waldarbeiter gerieten ungewarnt unter Beschuß. In das Dorf Lubkow wurde von Schützenpanzerwagen aus mit kleinen Raketen geschossen und ein kommandierender Major Hamsch sagte auf den Protest der Bauern nur pikiert, daß er dann die Übung wohl abbrechen müsse. Die Straße Binz–Saßnitz war über viele Jahre für den allgemeinen Verkehr gesperrt.

Prora war so etwas wie eine »Kaderschmiede« der Armee. Hier wurden Truppen und Offiziere in der militärischen Insellage ausgebildet und geschult und dann an strategisch aussichtsreichere Orte verlegt.

Gegen Ende der sechziger Jahre bis Anfang der achtziger begann das Verlegen dieser Kampftruppen in andere Garnisonen, so nach Rostock, Anklam und Goldberg. In Prora wurden militärische Schulen eingerichtet. Zunächst wurde 1969 eine Technische Unteroffiziers-Schule gegründet, die schließlich 1982 zur Militärtechnischen Schule (»MTS«) ernannt wurde und zwei Flügel im Südabschnitt einnahm. Hier wurde einige Zeit lang auch ein »Sonderlehrgang« für Ausländer eingerichtet, der schließlich 1981 zur Offiziershochschule (»OHS«) im Flügel 1 des Südabschnittes wurde. Hier waren ständig bis zu 2 000 Ausländer aus zahlreichen Entwicklungsländern. Die Ausbildungen geschahen teilweise als »solidarische Hilfe«, teilweise kommerziell gegen Bezahlung. Im Flügel 2 des Nordabschnittes waren bis zur Wende reguläre Kampftruppen – zuletzt ein Regiment für militärisches Transportwesen – stationiert.
Dazu kam Anfang der achtziger Jahre ein Pionierbataillon für die Unterstützung des Baus des Fährhafens Mukran in unmittelbarer Nachbarschaft. Der Status des Naturschutzgebietes der Prora war für die Militärs nie ein Hinderungsgrund gewesen und bereits in den dreißiger Jahren mit dem KdF-Großprojekt angeschlagen worden. Die weitere Landschafts- und Naturzerstörung konnten auch Natur- und Umweltschützer in den achtziger Jahren nicht verhindern, als sie gegen den Bau des Fährhafens protestierten. Das Pionierbataillon Mukran – es bestand aus etwa 800 Wehrdienstverweigerern, sogenannten Spatensoldaten – wurde 1982 speziell für den Bau des Fährhafens Mukran aufgestellt und im zweiten Flügel des Nord-Abschnittes untergebracht.
Die Prorer Wiek und die angrenzende Gebiete haben in all den Jahren einiges an militärischen Schauspielen erlebt, sei es, daß man hohen Offizieren des Warschauer Paktes Seekriegs-Übungen vorspielte, sei es daß Fallschirmspringer für Einsätze in Afrika trainierten. Schießübungen, Scheinangriffe, Landemanöver, endlose und laut singende Militärkolonnen nachts in den Straßen von Binz, Panzer und schwere Militärfahrzeuge in der Heide der Prora – alles das mußten sich die Inselbewohner bieten lassen. Erst mit zunehmendem Reputationsbedürfnis der DDR in den achtziger Jahren und mit Rücksicht auf den internationalen Fährhafen Saßnitz wurde das etwas vorsichtiger gehandhabt und eingeschränkt, zumal es schon zu schwedischen Protesten gegen die vielen Kriegsmanöver gekommen war.
Der Flügel 3 des Süd-Abschnittes war zunächst Lazarett und wurde schließlich zum Ferienheim für die Armee, zum »Walter-Ulbricht-Heim«. Das Haus hat ca. 1 000 Betten und diente von 1956 bis 1990 als Urlaubsquartier für Offiziere der »Nationalen Volksarmee« und für ihre Angehörigen. 1974 wurden die beiden Segmente 9 und 10 zum sogenannten »Generals-Flügel« ausgebaut und tatsächlich sind hierher sehr hohe Offiziere des Warschauer Paktes gekommen. Die Appartements sind zwar groß und komfortabel, aber auch von erstaunlicher Spießigkeit in ihrer Einrichtung.
Die Gebäude des KdF-Bades wurden nach den Bedürfnissen der »Nationalen Volksarmee« zurechtgestutzt oder auch weggesprengt, die Freiflächen wurden nach Belieben genutzt und gestaltet. Auch künstlerische Plastik wurde aufgestellt. An der seezugewandten Seite des »Walter-Ulbricht-Heims« zwei schöne, naturalistische Jugendstil-Bronzen und an der Landseite des Südabschnittes ein überlebensgroßen MP-Schützen, auch aus Bronze. Die Kasernen blieben trist, grau und überbelegt.
Die Ausweitungen des militärisch genutzten Geländes und der militärischen Übungen führten zu erheblichen Einschränkungen der Urlaubs- und Erholungsmöglichkeiten in der Umgebung. Ein wesentlicher Teil Rügens und einer der schönsten – die Prorer Wiek – wurden der Öffentlichkeit entzogen. Am Strand waren Stacheldrahtzäune, die weit ins Meer hinein gingen und auf der Straße Schlagbäume nebst Posten. Wer etwa von Binz nach Saßnitz fahren wollte, mußte einen viele Kilometer langen Umweg über Bergen machen. Insbesondere die Ausbildung von Ausländern sollte geheim bleiben.
Das KdF-Bad war ursprünglich zivil angelegt, obwohl immer wieder über eine vorgesehene militärische Verwendung gemutmaßt wurde. Die rein militärische Nutzung versuchte die DDR-Armeeführung zu rechtfertigen, indem sie behauptete, vermutlich wider besseres Wissen, es wären schon immer militärische Anlagen gewesen.

Gesprengte nördliche Randbebauung

Luftbildaufnahme von Süden her, im Hintergrund Saßnitz

Im Oktober 1989 stellte sich das ehemalige KdF-Bad Rügen so dar: Das ganze Objekt war militärisch abgeriegelt. Der infolge früherer Sprengungen um ein Treppenhaus verkürzte südlichste Flügel war das Ferienheim der Armee, schon nicht mehr »Walter-Ulbricht-Heim«. Alle anderen Teile des südlichsten Abschnitts bildeten die Militärtechnische Schule. Im Nord-Abschnitt kam dann die besagte Offiziers-Hochschule und im nördlichen Flügel 2 lag ein »Regiment militärisches Transportwesen«. Die militärische Karriere von Prora ging dann ihrem Ende entgegen. Durch diese Zeit ist das ehemalige KdF-Seebad aber in Ostdeutschland sehr bekannt geworden.

Für die höheren Offiziere in Prora kam, dem Vernehmen nach, die politische Wende nicht überraschend. Schon vor der Wende hatte man in engeren Offiziers-Kreisen darüber gesprochen, was nach einer Vereinigung Deutschlands aus Prora werden könnte. Die Polit-Offiziere, die alle anderen politisch bei der Stange halten sollten, waren dann tatsächlich die ersten, die nach dem Westen fuhren und sich »wendeten«.
Frühe Absprachen über den Zusammenschluß mit der Technischen Schule der Bundeswehr in Aachen, die den Dozenten der Militärschulen in Prora eine berufliche Zukunft sichern sollten, wurden nicht realisiert.

Grundmauern an der nördlichen Randbebauung des Festplatzes mit vorbereiteten Bewehrungsbügeln für das vorgesehene Stahlbetonskelett

Bereits 1991 hat die Bundeswehr große Teile von Prora geräumt. Zuerst wurde das Pionier-Bataillon Mukran aufgelöst und die Wehrdienstverweigerer auf zivile Einrichtungen verteilt, dann die Offiziershochschule für die Ausbildung von Ausländern geschlossen. Es folgten die Schließung der Militärtechnischen Schule im Südabschnitt und die Demobilisierung des Regiments für militärisches Transportwesen im Norden. Zeitweise menschenleer und unbewacht wurde die Anlage wiederum geplündert. Die 1990/91 entlassenen Armee-Angehörigen und Zivilbeschäftigten erhöhen die ohnehin hohen Arbeitslosenzahlen auf Rügen. Bis Ende 1992 werden von einem Nachkommando der Bundeswehr noch Aufräumungsarbeiten durchgeführt, dann verläßt die Armee Prora voraussichtlich für immer.
Die Nachkriegsgeschichte von Prora ist Militärgeschichte der DDR. Die Gebäude des KdF-Seebades und ein großer Landstrich Ostrügens wurden dadurch geprägt und bedürfen einer umfassenden Rekultivierung.

Gerüchte und Legenden

Die Unzugänglichkeit über fast 50 Jahre und die phantastische Größe der Bauten gaben der Phantasie immer wieder Nahrung. Gerüchte und Legenden entstanden. Man kann sich heute beispielsweise in Dresden auf die Straße stellen und die Vorbeikommenden befragen, dann werden einem diese Geschichten oft erzählt. Jeder Dritte etwa kann in Ostdeutschland mit »Prora« etwas anfangen, Prora ist ein Begriff. Die Rügener kennen es ohnehin und sie reden auch gern darüber, Zehntausende haben dort gedient oder gelernt und gewiß Millionen sind als Rügen-Besucher mit Prora als ärgerlichem Hindernis konfrontiert worden.

Westdeutsche wissen in der Regel nur etwas davon, wenn sie vor dem Krieg mit dem KdF-Bad oder mit Binz zu tun hatten oder von Rügen stammen. Von den Legenden wissen sie nichts, die sind erst nach dem Krieg entstanden.

Viele Ostdeutsche wollen es genau wissen: Ein unterirdischer U-Boothafen soll in Prora angelegt sein.

Aber die Prorer Wiek ist an der Stelle flach. In 500 Meter Entfernung vom Ufer werde noch nicht einmal zwei Meter Wassertiefe erreicht. Um Schiffe im KdF-Bad anlegen zu lassen sollten Seestege von 800 Meter Länge gebaut werden. Es wäre ein denkbar schlechter Platz, um U-Boote zu verstecken. Herr Schulten, einst Mitglied der Bauleitung sagt in einem Interview: »Das ist ein Witz. Ich bin von Anfang an dabei gewesen, und das Wort U-Boot spielte bei uns überhaupt keine Rolle.« *(113)*

Es gibt keinen U-Boothafen, obwohl die hohen gemauerten Kai-Anlagen durchaus solche Phantasien hervorrufen können. Trotzdem wurde das U-Boot-Gerücht zu DDR-Zeiten »dienstlich« verbreitet. Waldemar Verner, Chef der »Volksmarine« und später Chef der politischen Hauptverwaltung der »Nationalen Volksarmee«, der seit den siebziger Jahren ständig in Prora zu Gast war, hat es persönlich begünstigt und so wurde jedem, der in Prora diente, jedem, der ausgebildet wurde, auch zahlreichen Ausländern, gleich zu Anfang seiner Zeit bedeutet: Unter dem »Objekt« Prora ist ein U-Boot-Hafen, ist auch eine U-Bahn. So verbreiteten sich diese Gerüchte. Jedem Wehrpflichtigen und Militärschüler wurde das schon in der ersten Fragestunde gesagt, so daß die Gerüchte wohl bis nach Afrika und Amerika gelangt sind.

Eine Zwecklüge, ein politisch nützliches Gerücht, denn ein U-Boot-Hafen ist eine rein militärische Angelegenheit und rechtfertigte in den Augen der Militärs die weitere militärische Nutzung von Prora. Denn von Rechts wegen hätte die DDR-Gewerkschaft, der »Freie Deutsche Gewerkschaftsbund«, quasi als Rechtsnachfolger der »Deutschen Arbeitsfront« über Prora verfügen können.

▷ *Massive Keller unter der nördlichen Randbebauung des Festplatzes*

◁ *Gesprengte und von der Vegetation überwucherte Bauten im Nordabschnitt*
▷ *Ruinen eines Gemeinschaftshauses im Nordabschnitt*

Blick von der Kai-Anlage zu der südlichen Empfangshalle

Das U-Boot-Gerücht war auch, wenigstens am Anfang, ein Ablenkungsmanöver: In den Jahren 1951/52 versuchte die Armee das alte »Kaiser-Wilhelm-Projekt« – den Kanal-Durchbruch für U-Boote von der Ostsee in den großen Jasmunder Bodden weiter nördlich bei Glowe – zu realisieren. Ein Projekt, das schon vor dem ersten Weltkrieg erwogen wurde. Was das für einen Nutzen haben soll, wissen wohl nur die Militärs. Dafür waren Anfang der fünfziger Jahre schon Schreitbagger aus der Sowjetunion importiert worden und die Arbeiten hatten begonnen – wurden dann aber nach den politischen Unruhen vom 17. Juni 1953 in der DDR aufgegeben.

Ein anderes Gerücht besagt, daß eine U-Bahn unter dem KdF-Seebad entlang bis nach Binz führt, oder auch nach Saßnitz.

Zunächst war für den internen Verkehr im Bad eine U-Bahn-Verbindung auch vorgesehen, jedenfalls hat Ley 1936 in einem Interview davon gesprochen. Die Pommersche Zeitung schrieb damals: »Damit die einzelnen Badegäste, die zufällig an den Flügeln des ausgedehnten Bades »ihr Lager aufgeschlagen« haben, bis zum Mittelpunkt der Badestadt keinen zeitraubenden Weg zurückzulegen brauchen, ist die Einrichtung einer Untergrundbahn geplant, die für die schnelle Durchführung des »Ortsverkehrs« sorgen soll. *(114)*

Das etwa fünf Kilometer lange Bad warf Verkehrsprobleme auf, zumal man ja alle Urlauber möglichst oft zentral in der großen Festhalle versammeln wollte. Aber das Projekt änderte sich mit den Jahren und die U-Bahn wurde nie ernsthaft projektiert oder gebaut. Später hatte man vor, den internen Verkehr mit Autobussen zu besorgen. U-Bahn-Verbindungen nach Saßnitz oder Binz wurden durch die Eisenbahnverbindung ohnehin überflüssig. Unter den Gebäuden befindet sich zwar ein durchgehender Verteilungsgang für Rohre und Leitungen, der aber nicht geradlinig verläuft sondern immer wieder in Abständen von etwa 50 Metern wegen der Ausdehnung der Rohre rechtwinklig abknickt und deshalb schon, abgesehen von seiner geringen Breite von ca. 2 Metern, für Bahnverbindungen nicht geeignet ist.

Die Spekulationen um einen U-Bahn-Tunnel wurden wohl auch dadurch angeregt, daß 1936 versucht wurde, eine direkte Eisenbahnverbindung zwischen Lietzow und Saßnitz zu bauen und deshalb Bauarbeiten an der Küste zwischen Saßnitz und Mukran begannen. Später jedenfalls wurde das U-Bahn-Gerücht auch durch das Standortkommando Prora unterstützt. Und tatsächlich enthält die Anlage zahlreiche große unterirdische Räume, heute zum größten Teil voll Wasser gelaufen, die zusam-

△ *Auswaschungen am Beton der Kai-Anlage haben die Bewehrung freigelegt*

▷ *Ungenutzte Räume in der nördlichen Randbebauung des Festplatzes*

men mit der Tatsache, daß die alten Baupläne bisher nicht aufgefunden wurden, zu Spekulationen Anlaß geben.
Im Zusammenhang mit vorgeblichem U-Boot-Hafen und vermuteter U-Bahn stehen offenbar auch die Behauptungen, es gäbe bis zu sieben unterirdische Geschosse. Gewiß gibt es teilweise tiefe Unterkellerungen für technische Räume und höchstwahrscheinlich hatte man auch schon an Luftschutzräume gedacht, aber nach Zeugenaussagen sind die Unterkellerungen keineswegs so tief. Diese Räume sind heute voll Grundwasser und Müll und können gegenwärtig nicht begangen werden.
Ein ungelöstes Rätsel ist schließlich auch der Verbleib des Grundsteins. Auf Fotografien von der Grundsteinlegung sieht man den Grundstein als gemauerten kubischen Klotz, der etwa einen Meter aus dem Boden ragt und nicht allzu weit vom Strand entfernt ist. Allerdings hat sich in der Mitte des Bades die Küstenlinie durch den Bau der Kai-Anlage beträchtlich ins Meer hineingeschoben. Der Grundstein ist heute nicht mehr zu entdecken. Möglicherweise ist er in aufgeschütteten oder aufgewehten Hügeln versteckt, was nach wie vor ein Problem darstellt, da der Grundstein womöglich die einzig erhaltenen Baupläne enthält.
Die in Prora beim Bau verwendeten Pläne wurden unmittelbar nach dem Krieg zerstört. Augenzeugen erinnern sich noch an herumflatternde Planzeichnungen. Aber Kopien gibt es mit großer Wahrscheinlichkeit auch noch irgendwo in Westdeutschland. Die Büros von Klotz in Köln und München verfügten sicherlich zum Ende des Krieges über die Unterlagen, aber es gibt keinen verfügbaren Nachlaß Klotz.
Immer wieder wird behauptet, es gäbe einen Nachbau der Anlage in Südamerika. Die Projekt-Unterlagen sollen nach Aussagen von Herrn Stoll, ehemals Mitglied der Bauleitung, noch in den dreißiger Jahren an Argentinien verkauft worden sein, für eine Summe, die die Entwurfs- und Projekt-Kosten übertraf. *(115)* Das Projekt soll dann dort, in auf die Hälfte verkleinerter, verkürzter Form auch ausgeführt und 1943 fertiggestellt worden sein. Wo, wurde allerdings nie gesagt. Herr Schulten, ebenfalls ehemals in der Bauleitung, bestreitet das allerdings entschieden. Jedenfalls ein hartnäckiges Gerücht. Er hätte es doch selber im Film gesehen, sagt ein Befragter in Potsdam, aber niemand weiß Genaueres.
Der südamerikanische Nachbau kann nicht als erwiesen angenommen werden, es ist aber auch nicht zu beweisen, daß es diesen Nachbau nicht gibt. Das KdF-Bad Prora soll als Filmkulisse für einen Ufa-Film benutzt worden sein, auch daher kann die Südamerika-Legende kommen. Möglicherweise wurde die Film-Imagination für die Wirklichkeit gehalten.
Nicht ohne Grund beflügelt die Anlage die Phantasie, denn wo wurden schon in den dreißiger Jahren über vier Kilometer lange Gebäudefronten für 20 000 Urlauber geplant und gebaut, die nach wenigen Jahren wieder spurlos hinter Stacheldrahtzäunen verschwanden. Die großen, teilweise wassergefüllten und unzugänglichen unterirdischen Räume wirken außerordentlich geheimnisvoll. Gewiß hat auch die abgeschlossene, stupide und langweilige Militärwelt die Gerüchteküche angeheizt. Wo Informationen fehlen, springt die Phantasie ein, bleibt die Neugier wach.
Es scheint so, als ob die Prora-Legenden der Mystifizierung dieser Zeit dienen, der Schaffung einer geheimnisvollen Aura. Sie scheinen das Nebenprodukt einer unreflektierten, unbewältigten Vergangenheit.

Gegenwart und Zukunft

Sie ist eine Schönheit, die Prorer Wiek, sie zieht in einem ruhigen großen Bogen von bewaldeten Höhenzügen im Süden über das in die Landschaft eingebettete Binz, mit seiner berühmten Bäderarchitektur an Prora vorbei bis zu der weißen Stadt Saßnitz im Norden. Dahinter die Konturen der hohen Rügenschen Kreideküste. Eine Landschaft, die jährlich Hunderttausende anzieht. Eine Landschaft, wie geschaffen für den Tourismus. Das KdF-Bad Prora ist weitgehend zugewachsen. Vom Wasser her gesehen treten nur noch stellenweise die langen Gebäudezeilen hell hervor. Von der Landstraße aus ist gar nichts zu sehen. Und die Bäume wachsen weiter.
Am Ende des Jahres 1991 hat die Armee die meisten Gebäude verlassen. In den allgemeinen ostdeutschen administrativen Wirrnissen der Übergangszeit war plötzlich alles menschenleer, unbewacht und herrenlos. Wertvolle Kunstwerke, zum Beispiel zwei meterhohe figürliche Bronzen von 1912, wurden gestohlen. Vandalismus begann. Die Agonie währte nur ein paar Monate. Mit dem Frühjahr 92 richteten sich hier eine »Gesellschaft zur Förderung von Qualifizierung und Beschäftigung in Prora« und der Verein »Insula Rugia« ein; das ehemalige Armee-Erholungsheim ist verpachtet und wird mit der Saison 1992 teilweise wieder bewirtschaftet.
Eine sanfte Wiederbelebung, bei der sich das einrichtet, was hier Lebens- und Entwicklungsmöglichkeiten vorfindet, erscheint zunächst angemessen. Die wieder obwaltende zivile Betriebsamkeit verhindert weiteren Vandalismus und läßt Zeit zu grundsätzlichen Überlegungen und gründlichen Planungen, Zeit, die allerdings auch genutzt werden müßte. Ein großer Handlungsdruck besteht durch die unverhältnismäßig hohen Betriebskosten der Anlage, die zum größten Teil Energiekosten sind. Das Heizwerk Binz, das Prora mit Warmwasser versorgt und beheizt, ist jetzt nicht mehr ausgelastet. Ein modernes Energiekonzept muß am Anfang aller planerischen Überlegungen stehen.
Das Schicksal der Liegenschaft Prora kann nicht losgelöst von ihrer Umgebung gesehen werden.Die Veränderungen in der Wirtschaftsstruktur Ostdeutschlands hat nach der Vereinigung auch auf Rügen sehr ernste und bedrohliche Arbeitslosigkeit verursacht. Abgesehen davon, daß das Militär als Arbeitgeber entfällt, auch die Landwirtschaft, die Fischindustrie und die Kreideindustrie in Saßnitz sind zusammengebrochen. Von solchen Gegebenheiten im Landkreis Rügen hängt das Schicksal des ehemaligen KdF-Bades in starkem Maß ab.
Was auffällt, ist die auch hier sehr verbreitete politische Resignation. Man glaubt nicht an die Chancen in der Demokratie, als Bürger auf die Politik Einfluß nehmen zu können. Das, was man landläufig alter Filz nennt, ist besonders ausgeprägt. Eine Koalition der SED-Nachfolgepartei PDS und der alten »Blockpartei«, der Ost-CDU im Kreistag, es sind vielfach noch die gleichen Leute, hat sich an der Macht gehalten und dominierte bis 1994 noch Kreistag und Gemeindevertretungen. Die Kommunalwahl 1994 hat hier prinzipielle Veränderungen geschaffen. Ein illegal gebautes Haus im Biosphärenreservat bei Seedorf (Foto auf Seite 13) mußte inzwischen wieder abgetragen werden, der illegale Abriß eines denkmalgeschützten Hauses in Bergen ließ sich jedoch

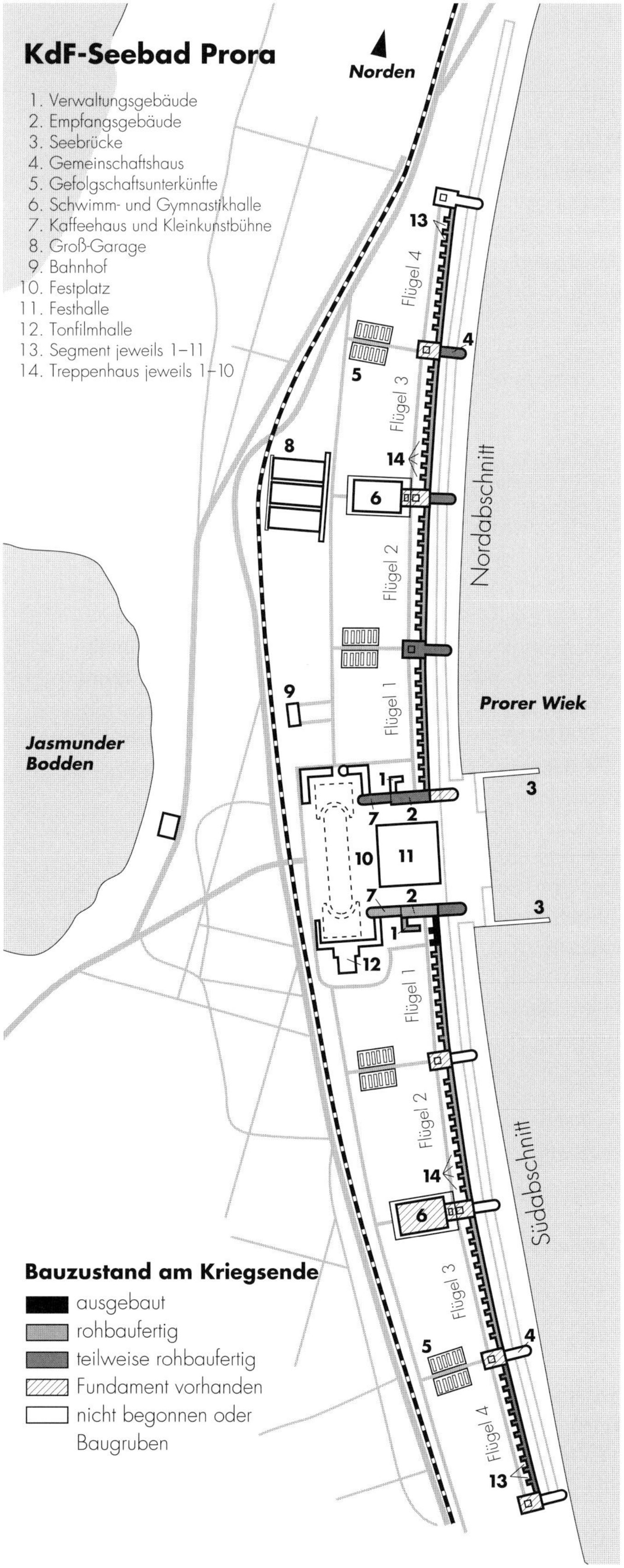
KdF-Seebad Prora
Norden
1. Verwaltungsgebäude
2. Empfangsgebäude
3. Seebrücke
4. Gemeinschaftshaus
5. Gefolgschaftsunterkünfte
6. Schwimm- und Gymnastikhalle
7. Kaffeehaus und Kleinkunstbühne
8. Groß-Garage
9. Bahnhof
10. Festplatz
11. Festhalle
12. Tonfilmhalle
13. Segment jeweils 1–11
14. Treppenhaus jeweils 1–10
Flügel 4
Flügel 3
Flügel 2
Flügel 1
Nordabschnitt
Südabschnitt
Prorer Wiek
Jasmunder Bodden
Bauzustand am Kriegsende
ausgebaut
rohbaufertig
teilweise rohbaufertig
Fundament vorhanden
nicht begonnen oder Baugruben

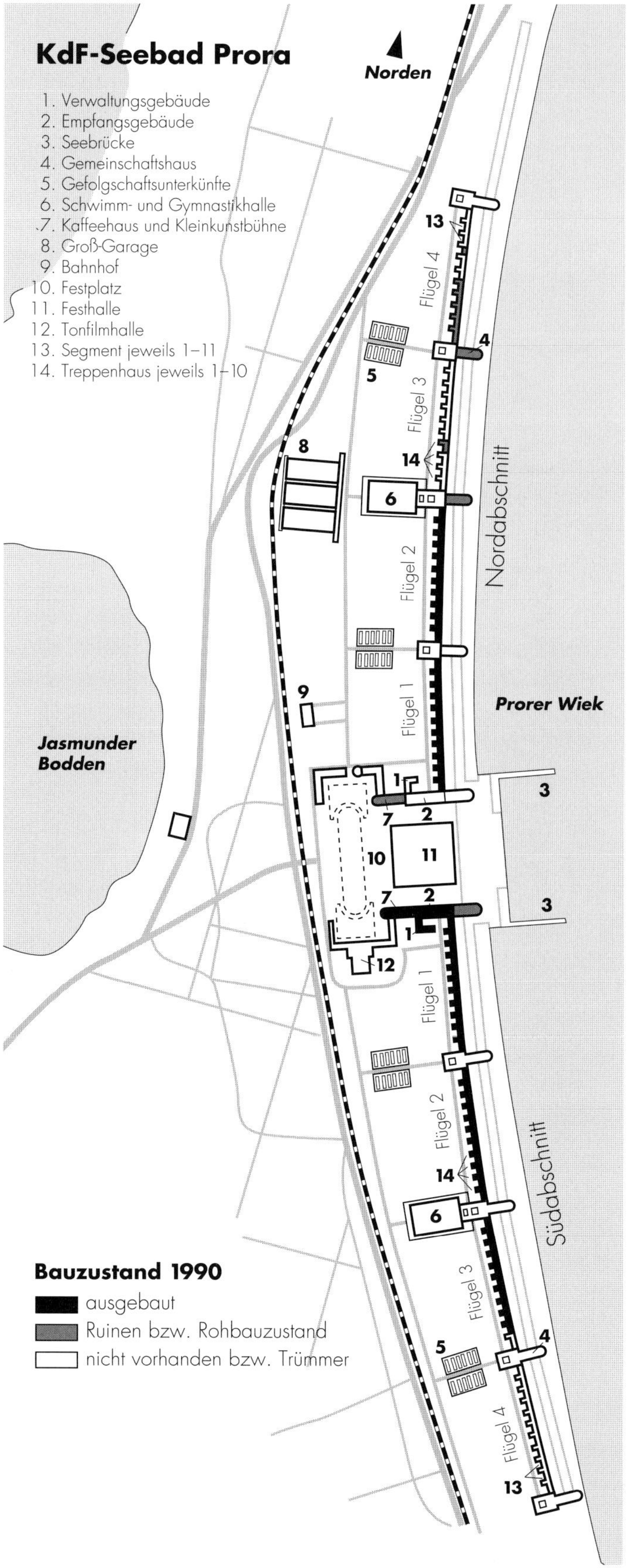
KdF-Seebad Prora
Norden
1. Verwaltungsgebäude
2. Empfangsgebäude
3. Seebrücke
4. Gemeinschaftshaus
5. Gefolgschaftsunterkünfte
6. Schwimm- und Gymnastikhalle
7. Kaffeehaus und Kleinkunstbühne
8. Groß-Garage
9. Bahnhof
10. Festplatz
11. Festhalle
12. Tonfilmhalle
13. Segment jeweils 1–11
14. Treppenhaus jeweils 1–10
Flügel 4
Flügel 3
Flügel 2
Flügel 1
Nordabschnitt
Südabschnitt
Prorer Wiek
Jasmunder Bodden
Bauzustand 1990
ausgebaut
Ruinen bzw. Rohbauzustand
nicht vorhanden bzw. Trümmer

nicht wieder rückgängig machen. Das Lobbyistenblatt »Der Rüganer« versucht weiterhin, der verunsicherten Bevölkerung zu suggerieren, die wirtschaftliche Zukunft wäre nur zu sichern, wenn die Insel zu einem Verkehrsknotenpunkt und Industriezentrum ausgebaut würde, ohne zu erwähnen, welche Arbeitsplätze durch eine solche Entwicklung im Tourismus zugleich verlorengingen. Die Ostküste Rügens zählt zu den schönsten deutschen Naturlandschaften. Zweifellos wäre es besser gewesen, wenn alle bisherigen Eingriffe an der Prorer Wiek vermieden worden wären. Aber heute muß man mit dem vorhandenen Zustand umgehen, und ökonomische und ökologische Weisheit gebieten den Gebrauch des Vorhandenen, verbieten aber neue große Bauvorhaben an diesem Ort.

Bereits zweimal wurde bekanntlich von außen über diese Landschaft verfügt. Das erstemal durch die NS-Gemeinschaft »Kraft durch Freude« für das gigantische Seebad Prora, dann wiederum in den achtziger Jahren mit dem Bau des Fährhafens Mukran, der, wie sich heute zeigt, nur einem zeitweiligen Bedürfnis diente: Der engen Handelsverbindung der DDR mit der Sowjetunion. Die noch 1935 vorhandene Naturidylle fällt immer neuen Wahnideen zum Opfer und jedesmal »zugunsten des Arbeiters«: zunächst, um dem Arbeiter Erholung zu bieten, damit er im nächsten Krieg bessere Nerven hat, danach, um den »Arbeiter-und-Bauern-Staat« wirtschaftlich voranzubringen. Nun scheint es die Logik des Geldes zu sein, die die Landschaft weiter gefährdet: Der vorgesehene Bau einer Großwerft in dieser Bucht, also die Ansiedlung von Großindustrie, wurde sowohl von der Bundesregierung als auch vom Land Mecklenburg-Vorpommern und vom Rügener Landratsamt entgegen jeder ökologischen und wirtschaftlichen Vernunft forciert, trotz energischer bundesweiter Bürgerproteste. Es ist kurzschlüssig, frühere Fehler – wie die starke Militarisierung Rügens – zu verfestigen, indem man als Ersatz dafür jetzt passende industrielle Arbeitsplätze vor Ort schaffen will.

Das KdF-Bad Rügen gehört zu den wenigen nationalsozialistischen Großanlagen, die annähernd fertiggestellt wurden und – wenn auch in der Nachkriegszeit beträchtlichen Zerstörungen und baulichen Veränderungen ausgesetzt – noch weitgehend erhalten sind. Es hat als Denkmal der deutschen Sozial- und Baugeschichte aber auch als technisches Denkmal einen beträchtlichen Wert. Es ist in seiner Größe und Ausprägung einzigartig und ein wichtiger Beleg für die deutsche Geschichte während der Zeit des Nationalsozialismus.

Gerade den Menschen in Ostdeutschland fällt es schwer, das zu akzeptieren, da der lautstarke, vielfach auch ehrliche, aber unreflektierte Antifaschismus, der eine Beschäftigung mit dem »Dritten Reich« nur in einer sehr pauschalen Art zuließ, leicht zu einer Verdrängung dieser deutschen Vergangenheit führte.

Konträre Haltungen zu dem KdF-Bad trifft man allenthalben an, doch nur wenig differenzierende. Das reicht von »scheußliche Naziarchitektur, die abgerissen werden muß« bis »was die Jungs damals doch für prima Urlaubsheime bauen konnten und die schönen Schiffsreisen«.

Günter Kunert sagt: »In der Vernichtung erhaltenswerten Bestandes bezeugt sich eine Neurose, die mit der Beseitigung der Erinnerungsstücke auch die historische Misere, die alte Welt aus der Welt zu schaffen meint: rückwärtsgewandte Geschichtskorrektur ist eins der Schlüsselworte dieses stets gleichen Verfahrens … Einsicht in die eigene Begrenztheit gehört unabdingbar zum wahrhaft historischen Bewußtsein; nur so würde es seiner eigenen Historizität inne. Doch die Uneinsichtigkeit hat dazu geführt, daß mit dem Schutt der abgerissenen Häuser der Zugang zur Vergangenheit verschüttet worden ist, ohne welche, wie uns oft erklärt wurde, es auch keine Zukunft geben kann.« *(116)*

Berührungsängste sind nicht angebracht. Es ist keine »nazistische Architektur«, wenn auch die Zwecke dieser Bauwerke nazistisch waren – nicht sozial orientiert sondern an sozialer Manipulation.

»Nazi-Architektur« als verallgemeinernder Begriff für alles während des »Dritten Reichs« gebaute, ist nach neueren Erkenntnissen der Baugeschichte nicht länger aufrechtzuerhalten. Man kann nicht den gesamten Zeitraum aus der Architekturgeschichte ausklammern. Vor allem ist es erforderlich zwischen der emotionalen Ablehnung des »Dritten Reiches«, für die es die besten Gründe gibt, und historischen Sachzeugen, die wichtige historische Dokumente sind, zu unterscheiden. Der Beschluß, die Ordensburg Vogelsang in der Eifel, ebenfalls von Clemens Klotz, unter Denkmalschutz zu stellen, löste sehr kontroverse Diskussionen aus.

Das KdF-Seebad Prora steht inzwischen ebenfalls unter Denkmalschutz. Der Abriß von historisch wichtigen Bauten des »Dritten Reiches« würde unersetzliche historische Zeugnisse vernichten. Es reicht aber nicht aus, diese Bauten vor dem Verfall zu

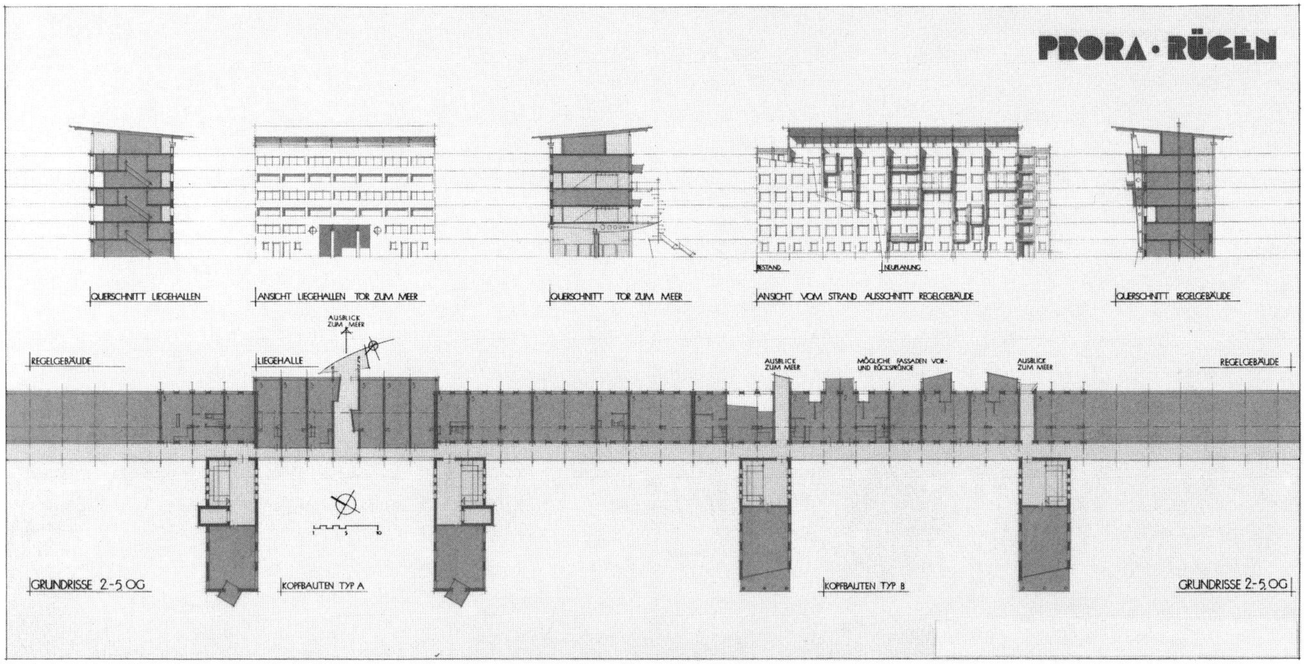

△ Entwurfsstudien von Knut Würfel und Angelika Densmore aus dem Kölner Architekturbüro Horst Heidrich, die eine teilweise Nutzung des KdF-Bades für Wohnungen vorsehen. Sie wollen die solide Stahlbetonkonstruktion ergänzen und den Häusern teilweise eine neue Haut überziehen. Diese Arbeiten haben die prinzipielle Eignung der Bauten für das Einbringen moderner Nutzungsformen nachgewiesen

▷ Altes Heizwerk (mit Schornstein) und Wärmeleitungen vom Binzer Heizkraftwerk an der Seeseite des Nordabschnittes

Neue Hinweistafel 1992 – durch Initiativen der Liegenschaftsverwaltung Prora mbH werden die Gebäude zivilen Nutzungen zugeführt

schützen oder teilweise zu rekonstruieren. Sie müssen zugleich in ihren historischen Rahmen gestellt werden und bedürfen der zeitgeschichtlichen Erklärung. Denkmalsdidaktik kann sich hier nicht in Tafeln an den Gebäuden erschöpfen. Prora benötigt ein Museum, das an einem exemplarischen Fall die soziale Demagogie des NS-Staates entlarvt.
Die gesamte Anlage gehört jetzt als Liegenschaft Prora der Bundesrepublik Deutschland, nachdem das Land Mecklenburg-Vorpommern es 1992 abgelehnt hatte, das Areal zu übernehmen und zu entwickeln. Die nunmehr zuständige Oberfinanzdirektion Rostock hat zusammen mit der Gemeinde Binz im Herbst 1993 einen Rahmenplan anfertigen lassen, der als Grundlage für eine internationale Ausschreibung des Geländes benutzt wurde.
Der von der dänischen Firma C. Bro, einer internationalen Ingenieur-Holding mit Stammsitz Kopenhagen, vorgelegte Plan wurde den Problemen der Proraer Anlage und der angrenzenden Region jedoch keineswegs gerecht. Weder die gewachsene Struktur noch die erklärten Entwicklungsziele eines sanften Tourismus auf Rügen fanden Berücksichtigung, auch nicht die historischen Besonderheiten des ehemaligen KdF-Seebades.
So wurden beispielsweise 15 000 Pkw-Abstellplätze für Prora vorgesehen, da hier ein riesiger Aquapark mit zahlreichen Neubauten entstehen sollte. Unter diesen Prämissen wollte man das gesamte Gelände noch 1994 verkaufen.
Dagegen organisierte die Werkgruppe Prora, eine freie Bürgerinitiative,

Seeseitige Fassade des Südabschnittes

am 6. und 7. Mai 1994 das 1. Prora-Symposium, um mit ausgewiesenen Fachleuten der Regionalplanung, des Tourismus und des Umweltschutzes sowie der Kultur, der Baugeschichte und der Denkmalpflege, das Problem komplexer zu diskutieren und in die Öffentlichkeit zu tragen. Eine einmütig beschlossene Abschlußerklärung wandte sich an Bundespräsident, Bundeskanzler, Landesregierung, Bundestagsfraktionen und die Verantwortlichen im Landkreis. Darin heißt es:
»Die Entwicklung Proras kann nur im engen Zusammenhang mit der Entwicklung der Insel Rügen gesehen werden. Wichtig sind sowohl umwelt- und ressourcenschonende Verkehrs- und Energiekonzepte, als auch komplexes Nachdenken über eine kulturelle Nutzung.
Aus den bisherigen Gesprächen geht hervor, daß der Bund nur das Interesse zu haben scheint, die Liegenschaft schnell zu veräußern. Die derzeitige Ausschreibung enthält Rahmenbedingungen, die der Größe des Objektes und dem erforderlichen Gesamtkonzept in keiner

Seeseitige Fassade des Südabschnittes, Blick vom Erholungsheim nach Norden

Weise entsprechen. Es besteht u. E. die Gefahr, daß mit dem Erwerb der Immobilie durch einen Groß-Investor vollendete Tatsachen geschaffen werden sollen, die die angesprochene sinnvolle Nutzung verhindern. Es ist zusätzlich zu befürchten, daß auf Grund unterschiedlichster Kontaminationen der Verkaufserlös für den Bund nachträglich gegen Null tendieren wird.
Wir fordern deshalb die Bundesregierung auf,
– sich der Verantwortung für das national bedeutsame, kulturhistorische Projekt Prora nicht zu entziehen,
– es nicht zu verkaufen, bevor die Grundlagen für eine tragfähige Nutzung hinreichend analysiert sind,
– ein unabhängiges Gremium aus kompetenten Vertretern verschiedener Fachdisziplinen zu berufen, mit dem Ziel, ein tragfähiges Gesamtkonzept, das ganz Rügen und die Festlandanbindung einschließt, zu erarbeiten, öffentlich zu diskutieren und zu verwirklichen.«
Bei der internationalen Ausschreibung der Gesamtliegenschaft im Jahre 1994 war von einer Reihe von Bewerbern schließlich nur noch die Firma Immobilienmarkt Weimar als einziger ernsthafter Anbieter übriggeblieben. Diese Firma legte eine Planung der Architektengemeinschaft Prof. Dr. J. Stahr und B. Just vor, die auf der Grundlage des Rahmenplans der dänischen Carl Bro Gruppe ausgearbeitet war. Sie sah neben der in Prora bereits vorhandenen Bruttogeschoßfläche von über 200.000 qm noch einen zusätzlichen Neubau von 86.000 qm Nutzfläche vor – eine extreme bauliche Massierung an dieser sensiblen Stelle der Insel. Insgesamt waren 3.300 Betten für Feriengäste vorgesehen. Hinzu kam ein »Aquapark« mit 20.000 qm Bruttogeschoßfläche für 500 Besucher je Stunde, was ein entsprechendes Verkehrsaufkommen und eine erhebliche Belastung der Infrastruktur darstellen würde. Die Bausubstanz sollte nach der Weimarer Planung zwar grundsätzlich erhalten bleiben,

Die landseitigen Treppenhäuser im Südabschnitt

die ursprüngliche streng symmetrische Klotzsche Planung wurde aber durch gegenläufig-asymmetrische, dekonstruktivistisch wirkende neue Baukörper im Zentrum nahezu unkenntlich gemacht. Der große Schwung der ursprünglichen Planung, der ja das eigentlich Interessante der Anlage ausmacht, wurde auf diese Weise zerstört und der Denkmalschutz zur Farce degradiert.

Der Entwurf Stahr/Just war der Prototyp eines Architektenentwurfs, der den vielbeschworenen genius loci, den Geist des Ortes, außer acht läßt und damit die regionalplanerischen Belange ebenso wie die überregionalen historischen Überlegungen mißachtet. Entsprechend scharf war die Ablehnung während des 2. Prora-Symposiums im Herbst 1994.
Der Entwurf wurde daraufhin zurückgezogen. Dieses 2. Symposium, das die Werkgruppe zusammen mit der Landeszentrale für politische Bildung Mecklenburg-Vorpommern und der Oberfinanzdirektion Rostock im November 1994 veranstaltete, hatte außerdem zum Ergebnis, daß die Anlage in Prora vorerst nicht verkauft wurde. Die Absicht, die Liegenschaft im Ganzen zu verkaufen, ließ man fallen. Die gewonnene Zeit sollte für

△ *Wegweiser im Erholungsheim*
△△ *Treppenhaus im Erholungsheim*

Bad im Offiziersflügel im ehemaligen Armee-Erholungsheim

◁ Einrichtung eines Appartements im Erholungsheim aus den siebziger Jahren

weitergehende Planungen genutzt werden. Unmittelbar nach der Veranstaltung wurde beim Bundesvermögensamt eine »Arbeitsgruppe Prora '95« gebildet, die sich in der anschließenden Zeit erfolgreich um Mieter und Pächter für Prora bemüht hat und auch bewirken konnte, daß die unsäglich verschwenderische und überteuerte Wärmeversorgung durch das Heizkraftwerk in Binz beendet wurde. Im Ergebnis dessen konnten 75 Pachtverträge mit Laufzeiten über vier und sechs Jahre abgeschlossen werden, rund 1.000 Personen fanden in Prora Arbeit *(117)*, und die Anlage kann zur Zeit kostenneutral verwaltet werden. Allerdings hat nicht die ganze Anlage die jüngste Zeit unbeschadet überstanden. Die Gärtnerei mit zeittypischen Gebäuden wurde inzwischen verkauft, abgerissen und mit Ferienappartements in einem landschaftsfremden Stil bebaut.
Im März/April 1996 fand dann die erste planerische Auseinandersetzung mit dem Projekt direkt am Ort statt. Architekturstudenten der Technischen Universität Berlin veranstalteten in Prora eine Entwurfswerkstatt, deren Ergebnisse im Dezember des Jahres in Berlin ausgestellt wurden. Dabei gab es auch vielfältige neue methodische Ansätze, und eine grundsätzliche Haltung zum Umgang mit der Anlage wurde erarbeitet. Man kam zu der Einschätzung, daß Prora keine von außen herangetragene »große Idee« braucht, »sondern ein geduldiges, beharrliches und genaues Aufspüren der Möglichkeiten des Ortes und seiner Nutzungen. Dies soll jedoch nicht in Kleinteiligkeit und squatterhafter Besiedlung enden, sondern in einem klaren Strukturkonzept, das das Potential Proras ausschöpft und zu einem Ganzen zusammenführt, um diesem Ort eine neue Identität zu verleihen.« *(118)*
Im Sommer 1996 folgte eine internationale Architekturwerkstatt in Prora, die von der Rotterdamer Architektur-Akademie im Rahmen ihres *Coast-Wise-Europe*-Projektes organisiert wurde. Es waren Studenten und Lehrer aus 22 europäischen Ländern beteiligt, die in Gruppen unterschiedliche Themen bearbeiteten, neben Fragen eines umweltverträglichen Tourismus und alternativer Wohnformen vor allem mögliche kulturelle Einrichtungen in Prora. Dazu zählten ein Ostseemuseum, ein Meeresarchäologisches Museum und ein Graphik-Museum für Mecklenburg-Vorpommern genauso wie ein KdF- bzw. NS-Museum für Deutschland oder ein Baltisches Zentrum für den Ostseeraum bzw. ein Zentrum für die Darstellung und Vermittlung der europäischen Regionen.
Alle Teilnehmer der Werkstatt teilten die Auffassung, daß an Prora experimentell herangegangen werden müsse. Routiniertes, *normales* Vorgehen zerstöre die Einzigartigkeit des Objektes. »Prora muß man humanisieren durch Differenzierung, aber nicht durch Abriß. Prora sollte man in evokativen Momenten als Denkmal, als Erinnerungsmaschine verwenden – Geschichte als Monument der Zukunft. Die Einmaligkeit Proras muß ausgebaut, nicht vernichtet werden. (...) Prora als Experiment – das ist seine Geschichte und seine Zukunft.« *(119)*
Zeitgleich wurde 1996 von der Oberfinanzdirektion Rostock eine Bedarfs- und Wirtschaftlichkeitsstudie ausgeschrieben und schließlich der Berliner Gesellschaft S.T.E.R.N. zugesprochen. Damit wurde zum zweiten Mal, wie ehedem die Carl Bro Gruppe, eine Planungsgruppe beauftragt, die bislang nichts mit Prora oder Rügen zu tun gehabt hatte.
Die Gesellschaft für behutsame Stadterneuerung S.T.E.R.N. führte nun auf dieselbe Weise ihr »diskursives Verfahren« durch, wie sie das früher in Berlin-Kreuzberg getan hat. Nur ist der Interessenausgleich in einem dichtbesiedelten Wohnkietz etwas ganz anderes als die Planung für eine historische Anlage von überregionaler, wenn nicht sogar internationaler Bedeutung. In vier jeweils mehrtägigen Veranstaltungen (»Foren«) wurde in der Folgezeit unter Beteiligung hoher Beamter aus dem Bundesfinanzministerium, aus der Oberfinanzdirektion und der Landesverwaltung ein sogenannter Diskurs über Prora organisiert, eine Art Rundtischgespräch, das für jedermann offen war. Doch der offene Diskurs konnte so offen gar nicht sein, denn wie sollten Personen, die an der historischen und kulturellen Dimension von Prora Anteil nehmen oder am Schicksal der Insel Rügen interessiert sind, und die vielleicht in Dresden, Weimar, Aachen oder München wohnen, die Zeit und das Geld haben, daran teilzunehmen? Auffällig war auch, daß das Kultusministerium aus Schwerin kaum und die Abteilung Kultur des Bonner Innenministeriums als dafür verantwortliche Bundeseinrichtung an diesem S.T.E.R.N.-Diskurs überhaupt nicht beteiligt waren. Die Veranstaltungen wurden deutlich durch das Bundesfinanzministerium, nachgeordnete Einrichtungen und den Auftragnehmer S.T.E.R.N. dominiert, womit die Verkaufsabsichten des Bundes, verbunden mit einer weitgehend touristischen Nutzung, im Vordergrund standen.
Schließlich wurde im November '96

Internationale Architektur-Werkstatt, organisiert von der Rotterdamer Architektur-Akademie (Coast Wise Europe), Prora, im Sommer 1996

ein allgemeiner »Konsens« erklärt, der seinen Niederschlag in einer »Bedarfs- und Wirtschaftlichkeitsuntersuchung« fand, die im März 1997 in feierlichem Rahmen übergeben wurde. *(120)* Darin findet man »Grundsätze zur Entwicklung von Prora«, die einen Rahmen vorgeben, der »touristische und kulturelle Nutzungen und touristische – vor allem saisonverlängernde – Infrastruktur sowie Wohnen und Einrichtungen der Fort- und Weiterbildung« umfaßt. Zugleich ist dort ein Plan abgebildet, der neben 300 Wohnungen und einem schmalen Dokumentationszentrum im äußersten Norden, also an der unattraktivsten Stelle der Anlage, vor allem Ferienwohnungen und Hotels (Kongreßhotel, Appartementhotel, Jugendherberge) mit insgesamt 3.690 Betten vorsieht, also eine fast ausschließlich touristische Nutzung. Der Denkmalschutz taucht in der Studie hauptsächlich im Zusammenhang mit geplanten Umbauten auf: »Die Weiternutzung von Prora erfordert innerhalb eines begrenzten und genau zu definierenden Rahmens

Entwurf von Hinrich Baller und Doris Piroth für die Umgestaltung der Anlage Prora im Auftrag der Gesellschaft S.T.E.R.N.

auch den Um- und Weiterbau einschließlich der Einbeziehung neuer Bau- und Formelemente wie Fluchttreppen, Balkone und Loggien.«
Wie bieder sich die Architektur sofort ausnimmt, wenn man sie mit Balkonen und Loggien behängt, zeigt der Entwurf von Hinrich Baller, der im Auftrag von S.T.E.R.N. angefertigt wurde.
Als gewichtiger Punkt der Grundsätze der S.T.E.R.N.-Studie wird der Begriff »Nachhaltigkeit« genannt. Der authentische Begriff von Nachhaltigkeit besagt, daß eine Entwicklung so gestaltet werden soll, daß »die Bedürfnisse heutiger Generationen befriedigt werden, ohne die Bedürfnisse kommender Generationen zu gefährden«. *(121)* Dieser Begriff zielt ursprünglich auf Verhaltensänderungen und einen gesellschaftlichen Wertewandel. Inzwischen ist der Begriff jedoch von Monetaristen derart verfälscht worden, daß er Geschäfte meint, die so gestaltet werden sollen, daß sie sich auch in Zukunft noch bezahlt machen.
Dies scheint auch den Verfassern der S.T.E.R.N.-Studie vorgeschwebt

△ *Ehemalige Arbeitsdienst-Lager bzw. Gefolgschafts-Unterkünfte, nach dem Krieg als Wohnhäuser genutzt*
△△ *Angestellten-Siedlung, Zustand 1992 mit ausgebautem Dach*

zu haben, betonen sie doch vor allem, daß eine »*ökonomisch* langfristige und tragfähige Nutzung« gewährleistet werden muß. Daß die Erzeugung eines neuen massentouristischen Zentrums an einem der letzten Orte in Deutschland mit einer noch intakten Natur erheblich gegen das Nachhaltigkeitsprinzip verstößt, ist den »behutsamen Stadterneuerern« von S.T.E.R.N. offensichtlich nicht bewußt.
Die Umweltverbände und Bürgerbewegungen Rügens, die sich aktiv an den Foren beteiligt haben, kritisieren die vorgelegten Ergebnisse. Marlies Preller vom NABU-Projekt Rügen, Mitglied des Kreistages und Aktivistin der Bürgerbewegung vor Ort, erklärte: »In dem Papier ›Grundsätze zur Entwicklung von Prora‹ fanden sehr viele unserer Vorstellungen ihren Niederschlag. Das betrachten wir als Erfolg. Kritisch zu bewerten ist der *nicht erzielte Konsens* über Bettenkapazitäten, über mögliche touristische Infrastruktur außerhalb der Blöcke, z.B. das ›Meerwasserschwimmbad‹ (›Thermenlandschaft‹) und die Sportanlagen im Umfeld, das fehlende Verkehrskonzept (keine Fachleute herangezogen, an den Kreis abgeschoben) und fehlende Untersuchungen der Auswirkungen auf die ganze Insel. Angst muß deshalb der jetzt propagierte Verzicht auf ein Raumordnungsverfahren für Prora machen. Eine touristisch zündende neue Idee ist weder gesucht noch gefunden worden. Für die (wortkünstlerisch verbrämte) ›grüne Mitte‹ ist in der Machbarkeitsstudie von S.T.E.R.N. plötzlich ein Veranstaltungspark mit eigens zu gründendem Veranstaltungsmanagement vorgesehen. Im Verfahren bestand *Konsens* darüber, die Fläche aus Naturschutzgründen als nutzungsfreies Gebiet festzulegen.
Dennoch, für uns bleibt das Prinzip *Nachhaltigkeit.* Konsequent in allen Bereichen angewandt, wäre das auch für den Tourismus der neue Ansatz. Nachhaltigkeit für Prora gilt es jetzt umzusetzen. Unsere ganze Wachsamkeit ist gefordert und unser gemeinsames Engagement. Unter anderem auch darum unterstützen und befördern wir den Antrag des Kreises, die Insel Rügen als dezentralen Standort des Landes Mecklenburg-Vorpommern für die Expo 2000 vorzuschlagen. Prora sollte neben vorbildlichen Projekten anderer Gemeinden als das Modellvorhaben für eine echte, konsequent nachhaltige Entwicklung vorgestellt und realisiert werden. Kunst und Kultur sind elementare Bestandteile des Modells. Überregionale und internationale Aufmerksamkeit ist nötig, damit dies nicht anderen Interessen geopfert wird.« *(122)*

Worüber, fragt man sich da, besteht dann eigentlich noch »Konsens«? Auf der gesamten Insel sind die Ergebnisse der S.T.E.R.N.-Studie inzwischen heftig umstritten und wird der sogenannte Konsens angezweifelt. Wie der Lokalpresse zu entnehmen ist, fühlen sich manche durch die Foren manipuliert, bei denen ein Konsens immer behauptet wurde, obwohl er inhaltlich gar nicht erzielt war. Über den Auftritt des S.T.E.R.N.-Chefs Prof. Hämer im Rügener Kreistag war – etwas sarkastisch – zu lesen: »Der Kreistag wollte partout nicht einsehen, daß Planungen für einen Tourismus-Giganten mit fast 4.000 Betten beinahe schon Zauberei seien, sondern nannte es schlichtweg Größenwahn.« *(123)*
Alternative Nutzungen, etwa durch attraktive kulturelle Einrichtungen, wie sie auf dem zweiten S.T.E.R.N.-Forum vorgestellt wurden, sind von den S.T.E.R.N.-Vertretern von vornherein als »nicht finanzierbar« abgetan worden, ohne sie auf ihre technische Durchführbarkeit und Finanzierbarkeit hin zu prüfen. Schon gar nicht wurde aktiv nach anderen möglichen Nutzungsformen aus den Bereichen Gesundheitsfürsorge, nichtproduzierendes Gewerbe, Bildung und Ausbildung gesucht. *(124)*
So blieben in dem von S.T.E.R.N. favorisierten Denkmodell »Prora für Rügen« neben 300 Wohnungen nur 3.700 Betten für touristische Nutzung. Das bedeutet ca. 535.000 zusätzliche Übernachtungen im Jahr, was noch den 1994 abgelehnten Plan von Stahr/Just übertrifft – ein unglaublicher Gigantismus, quasi auf KdF-Pfaden. Und dies, obwohl zum vierten S.T.E.R.N.-Forum auch zwei Touristikgutachten gehören, die beide eine Erweiterung der Bettenkapazitäten in Prora als höchst problematisch bezeichnen. In dem einen Gutachten des Büros für Tourismus- und Erholungsplanung heißt es: »Die Erfüllung der Hoffnung auf eine ökonomisch, ökologisch und sozial tragfähige Nutzung der Liegenschaft Prora wird durch die Realisierung des Denkmodells ›Prora für Rügen‹ in seiner jetzigen Form als kaum erfüllbar angesehen.« *(125)*
Wenn – wie in diesem »diskursiven Verfahren« – in den Planungsprozeß eingebrachte unliebsame Positionen einfach übergangen werden und keinen Eingang in das »Konsens«-Ergebnis finden, werden die Diskussionen zum Selbstzweck, oder, um es mit Adorno zu sagen: Die Bürger »werden damit getröstet, es sei schon etwas geschehen, wenn sie gemein-

Die Empfangshalle im Südabschnitt

sam über das reden, was sie bedrängt. Das Gespräch wird aus einem Mittel, über etwas sich klar zu werden, zum Selbstzweck und zum Ersatz dessen, was seinem Sinn nach daraus folgen sollte.« *(126)* Eine zuvor immer wieder beschworene Funktionsmischung wird in dem jetzt verabschiedeten Konzept gar nicht erst versucht – nahezu alles wird auf eine rein touristische Nutzung ausgerichtet. Hotel reiht sich an Hotel. Dem Massentourismus soll offensichtlich der Weg bereitet werden.

Übergangen muß sich auch der Direktor der Rotterdamer Architektur-Akademie, Bert van Meggelen, fühlen, dessen Anregungen für internationale Kultur-Projekte während des zweiten S.T.E.R.N.-Forums keinerlei Berücksichtigung fanden. Er gab dem »diskursiven Verfahren« einige wichtige Empfehlungen mit auf den Weg: »Das Scheitern des Kommunismus als System wurde irrtümlich als Sieg der Marktwirtschaft verstanden. Das geht jedoch vorbei an der Aufforderung, nach wie vor

Josef Heise, Knabe mit Reifen und Mädchen mit Stab, 1912. Ursprünglich im Besitz von Otto Krebs, Holzdorf bei Weimar. Beide etwa meterhohe Figuren waren nach dem Krieg hinter dem »Erholungsheim Walter Ulbricht« aufgestellt und wurden im Sommer 1991 gestohlen.

Für das KdF-Bad gebaute Gärtnerei – Hauptgebäude im Zustand von 1992 mit zahlreichen An- und Umbauten, inzwischen abgerissen und durch den Dünenpark ersetzt

Ruinen im Nordabschnitt

nach einer zivilisierteren Gesellschaft zu suchen, die wir noch nicht gefunden haben. (...) Es wird behauptet, wir hätten zu
wenig Geld, ich bin mir dessen nicht sicher. Sicherlich aber haben wir einen Mangel an Visionen, an Vorstellungsvermögen, an kultureller und sozialer Imagination, an konzeptionellem Ideenreichtum. (...) Die Suche nach Vorstellungen, nach Denkmöglichkeiten für eine sozial und kulturell interessierte Zukunft von Prora muß weitergehen, damit nicht Bedenken die einzige Möglichkeit bleiben. Damit meine ich Qualitäten, Normen und Werte, die man anstreben könnte. (...) Hier in diesem Forum wird das ›Baustein‹ genannt, aber: Baustein für welches Gebäude, für welche Zukunft? Halten Sie den Prozeß so offen wie möglich, geben Sie Leuten eine Chance, diese Fragen zu stellen, mit Vorschlägen zu kommen – auch auf abenteuerlichen Wegen.« *(127)* Die offene, kreative Haltung des holländischen Planers und die konventionelle, auf Kommerz ausgerichtete der deutschen Sanierungsgesellschaft zeigt deutlich den Unterschied in der Planungskultur beider Länder.

Nach der jetzt vorliegenden Machbarkeits- und Wirtschaftlichkeitsstudie ist der bereits verworfene Planungsstand von Anfang 1994 wiederhergestellt worden. Nun kann mit Prora wieder beliebig verfahren werden, kann man es in Stücken verkaufen. Was in den Jahren zuvor

Einziges erhaltenes Teilstück des dritten Flügels des Nordabschnittes, drei Geschosse wurden von der Armee als Lagerraum genutzt

durch öffentliche Diskussionen immer verhindert werden konnte und was die Rügener Bevölkerung immer abgelehnt hat, wird jetzt nach einer scheinbar äußerst demokratischen Prozedur wieder möglich: In Prora soll Massentourismus organisiert werden. Das ließ man sich auch etwa 1,5 Millionen DM kosten, die in das aufwendige »diskursive Verfahren« gesteckt wurden.
Offensichtlich sah S.T.E.R.N. seine Aufgabe vorrangig darin, Forderungen von Investoren gegenüber den Umweltverbänden und gegenüber der Denkmalpflege durchzusetzen. Interessant ist in diesem Zusammenhang, daß der Auftraggeber für die Studie letztlich das Finanzministerium ist, das die Liegenschaft möglichst schnell veräußern will, und daß die Berliner Bankgesellschaft, die auch schon die – völlig mißglückte – Feriensiedlung »Dünenpark« nördlich von Binz finanziert hat, 49 % Anteile der S.T.E.R.N.-GmbH hält.

Soll Rügen aber als naturintensive Insel erhalten bleiben, muß ein kulturvoller und ökologischer, d.h. ein pfleglicher Umgang mit der Natur, mit den Dingen und Menschen einsetzen, ist ein kultureller Wandel erforderlich. Dieser umfassende pflegliche Umgang – ist das nicht das, was wir als Nachhaltigkeit bezeichnen, ist das nicht der Versuch, »die Bedürfnisse der heutigen Generation zu befriedigen, ohne zukünftigen Generationen die Möglichkeit

△ Panzersperren im ehemaligen Armee-Gelände
△△ Überlebensgroße Bronzeplastik des Bildhauers Gerhard Thieme von 1975 im Stil des »Sozialistischen Realismus«, jetzt im Armeemuseum Dresden

△ Der von der Berliner Bankgesellschaft finanzierte »Dünenpark« in Binz – Ferienappartements in einer Art oberbayerischen Stils

◁ Prof. Carl Vogel in der Graphik-Ausstellung »Der zweite Blick«, Sommer 1996

zur Befriedigung der eigenen Bedürfnisse zu nehmen«? Nachhaltigkeit ist dank der Initiative des NABU-Projektes Rügen als Entwicklungsziel für Prora akzeptiert worden. Das bedeutet keineswegs, die Wirtschaftlichkeit unbeachtet zu lassen; im Gegenteil, es bedeutet, sie ernst zu nehmen und konsequent, aber auch im Zusammenhang mit der Umgebung, mit dem Ganzen anzuwenden. Die richtige Frage lautet in diesem Fall nicht: Können wir uns Kultur leisten?, sondern: Können wir uns leisten, auf Phantasie, Kreativität, Kultur zu verzichten? Kulturelle Einrichtungen der verschiedensten Art, entsprechend einem umfassenden Begriff von Kultur, sind eine, allerdings nicht leicht zu quantifizierende Quelle für Identität, Bildung, soziale Harmonie, Toleranz,und diese Dimension ist immer auch in Rechnung zu stellen. Nur eine komplexe, regional ansetzende Ökonomie kann dem gerecht werden, wie sie etwa die Werkgruppe Prora für die Machbarkeitsstudie 1996 vorgeschlagen hatte.
Wird Prora im wesentlichen mit Gästebetten gefüllt, so ist das weder für die Insel, noch für den Steuerzahler besonders günstig, denn die S.T.E.R.N.-Studie weist bei einem Investitionsvolumen von 500 Millionen einen Subventionsbedarf durch die öffentliche Hand von ca. 300 Millionen DM aus. Prora bietet dagegen mit seinen hinterlassenen Bauten ideale Voraus-

Reste einer Armee – Panzer-Abstellplatz, 1991

setzungen, kulturelle Einrichtungen anzusiedeln. Wenn man nicht allzu hohe Ansprüche an Komfort und Ausstattung stellt, ist die Bausubstanz ohne wesentliche Eingriffe vielfältig nutzbar. Es gibt sogar ausreichend Bausubstanz, die zunächst ohne Erweiterungs- und Neubauten genutzt werden kann, sie muß nur im Sinne einer humanistischen Tradition neu besetzt werden. Ansätze dafür wurden im März 1997 während einer Kulturtagung in Prora vorgestellt, die die Stiftung NEUE KULTUR veranstaltete. *(128)* Dazu gehörte u.a. ein Graphik-Museum aus der Sammlung Vogel C&C im Zusammenhang mit einer Galerie für wechselnde Ausstellungen. Die Sammlung Vogel umfaßt ca. 20.000 Blätter moderne Druckgrafik und verkörpert einen Wert von etwa 15 Millionen Mark. Es gibt die erklärte Bereitschaft, die Sammlung für Prora zu stiften. Eine Auswahl von 2.000 Blatt Graphik aus dieser Sammlung wurde im Sommer 1996 mit großem Erfolg in Prora gezeigt. Die Ausstellung wurde 1997 in erweiterter Form dort wiedereröffnet.

Eine andere Möglichkeit wäre die Einrichtung eines Museums für Meeresarchäologie, das ohnehin für die zahlreichen, sehr wertvollen Schiffsfunde bei Rügen erforderlich ist und gut in Prora entstehen könnte. Gerade die räumliche Situation im Ostseeraum legt es nahe, hier auch andere, internationale Kultur- und Bildungsprojekte anzusiedeln, wie etwa ein Filmfestival, eine Baltische Universität oder experimentelles Theater.
Kulturelle Einrichtungen in Prora würden die kulturelle Infrastruktur von Binz, von Rügen und von Mecklenburg-Vorpommern insgesamt verbessern. Kulturelle Nutzungen erhöhen nicht die Intensität des Tourismus, steigern jedoch seine Qualität und liegen somit im Interesse der gesamten Insel-Region. Museen der Wissenschaft und Kunst sowie Galerien hier anzusiedeln, käme der Region entgegen und würde der Anlage in Prora eine Neuorientierung geben. Wenn ohnehin eine Saisonverlängerung angestrebt wird, könnten kulturelle Attraktivitäten dabei hilfreich sein, da außerhalb der konventionel-

Südliche Festplatz-Randbebauung, ein Pendant zu den vorgesehenen Gemeinschaftshäusern – eine, trotz der nach dem Krieg vorgenommenen baulichen Eingriffe, der Klassischen Moderne verpflichtete Architektur

Aufgang vom Strand zum Plateau des Festplatzes mit der Kai-Anlage

len Saison eher mit Gästen zu rechnen ist, die ernsthafte kulturelle Erlebnisse bevorzugen und nicht gerade seichte Zerstreuung, Scheinwelten und Trubel suchen. Es könnten dadurch auch Besucher aus entfernteren Regionen angezogen werden, was wiederum die viel beschworene »Innere Einheit« befördern würde.
Eine solche Nutzung würde es auch erlauben, die Liegenschaft in ihrer Ganzheit zu erhalten und unter eine neue Trägerschaft (z.B. eine gemeinnützige STIFTUNG PRORA) zu stellen, bei der sich kommerzielle und kulturelle Nutzungen gegenseitig ergänzen und fördern. Die kommerziell einträglichen Teile herauszulösen und einzeln zu verkaufen, wie es jetzt vorgesehen ist, heißt dagegen, die Gewinne zu privatisieren und die kulturellen Einrichtungen weiterhin am Subventionstropf hängen zu lassen – oder anders ausgedrückt: die Verluste der öffentlichen Hand zuzuschieben.
Unter dem Dach einer Stiftung könnten unmittelbar gewinnabwerfende Nutzungen – wie Wohnen, Tourismus, Gewerbe – und kommerziell sich nicht selbsttragende Nutzungen – wie jene kultureller Art, die ihre Wirtschaftlichkeit erst in einem umfassenderen Zusammenhang entfalten, indem sie zahlungskräftiges Publikum anziehen – miteinander kombiniert werden und ein wirtschaftlich tragfähiges Gesamtgebilde ergeben, das dann auch

nicht mehr dem Bund auf der Tasche liegt.
Das Stiftungs-Modell könnte zudem durch eine entsprechende Satzung gewährleisten, daß Prora tatsächlich im Interesse der Region entwickelt wird und auch sein Denkmalcharakter gewahrt bleibt.
Oberfinanzdirektion und das dahinter stehende Bundesministerium für Finanzen folgen mit ihrem Privatisierungsmodell dagegen eher einer neoliberalen Auffassung, die ausschließlich im Privateigentum die Voraussetzung für Aufschwung und wirtschaftlichen Erfolg sieht, selbst wenn die erforderlichen Subventionssummen ein Mehrfaches des zu erzielenden Verkaufserlöses betragen. Da der Bund auch über keine zuständige Instanz verfügt, die für die Verwaltung und Entwicklung derartiger historischer Anlagen zuständig ist, liegt ihm an einer schnellen Privatisierung, auch auf die Gefahr hin, regionale Konflikte auszulösen und das Baudenkmal durch Überformung unkenntlich zu machen und letztlich zu zerstören.
Die Probleme der weiteren Nutzung von Prora können mit der notwendigen gesellschaftspolitischen Verantwortung letztlich nur dann angegangen werden, wenn der Bund als Eigentümer der Liegenschaft und als Nachfolger des »Reiches« und somit des Verursachers dieser Anlage seinen Verpflichtungen für den Ort auch tatsächlich weiterhin nachkommt. Der verantwortungsbewußte Umgang mit den Hinterlassenschaften des nationalsozialistischen Regimes bleibt eine gesamtstaatliche Aufgabe.
Eine nachhaltige Entwicklung ohne Entfaltung kulturellen Milieus ist in Prora nicht zu realisieren.

Brecher an der Kai-Anlage

Anmerkungen

(1) Berlin Document Center, Hauptarchiv Akte 1358a
(2) In: Arbeitertum 12(1943)8, S. 1
(3) In: Arbeitertum 5(1935)6, S. 19
(4) Ley, Robert: Rede zum Reichsparteitag 1934. Berlin 1934
(5) Ebenda
(6) Speer, Albert: Erinnerungen. Frankfurt/M., Berlin 1989, S. 156
(7) G. H.: Störer des Betriebsfriedens. In: Werk-Zeitung Siemens, Mai 1937
(8) Nerdinger, Winfried: Versuchung und Dilemma der Avantgarde im Spiegel der Architekturwettbewerbe 1933-35. In: Frank, Hartmut (Hg.): Faschistische Architekturen. Planen und Bauen in Europa 1930-1945. Hamburg 1985, S. 75
(9) In: Bekleidung, Folge 14, 15.7.1938, S. 1
(10) Spode, Hasso; Steinecke, Albrecht: Die NS-Gemeinschaft »Kraft durch Freude« – ein Volk auf Reisen? In: Spode, Hasso (Hg.): Zur Sonne, zur Freiheit! Beiträge zur Tourismusgeschichte. Freie Universität Berlin, Institut für Tourismus, Berlin 1991, S. 85 f.
(11) In: Unter dem Sonnenrad. Hrsg. KdF. Berlin 1938, S. 16
(12) In: Arbeitertum 5(1935)18, S. 11
(13) Zitiert nach: Neue Gesellschaft für Bildende Kunst (Hg.): Inszenierungen der Macht – Ästhetische Faszination im Faschismus. Berlin 1987, S. 260. Hier heißt es: »Eilt! Geheim! ... Die NS-Gemeinschaft ›Kraft durch Freude‹ hat eine Reisebewegung innerhalb des deutschen Volkes ins Leben gerufen, mit deren Hilfe jährlich Millionen deutscher Volksgenossen durch deutsche Lande geschickt werden. Bei dieser Bewegung und Zusammenballung von Volksgenossen besteht die Gefahr einer Ausnützung von KdF-Veranstaltungen für staatsfeindliche Umtriebe und Handlungen ... Auf Wunsch des Leiters des Reichsamtes für Reisen, Wandern und Urlaub ... untersucht das Amt Information alle die durch KdF-Veranstaltungen gegebenen Möglichkeiten staatsfeindlicher Regungen und setzt mit sofortigen Beobachtungen ein ... Abschließend werden alle I-Referenten darauf aufmerksam gemacht, daß auf alle Fälle der Eindruck irgendeiner ›Bespitzelung‹ der KdF-Fahrer vermieden werden muß.« Aus einem anderen Spitzelbericht: »Als Störer dieser herzlichen Volksgemeinschaft machte sich nur der Urlauber Architekt K..., Breslau, Zimmerstraße 6, bemerkbar.«
(14) Spode/Steinecke: Die NS-Gemeinschaft ..., a.a.O., S. 79
(15) Derselbe in einem Aufruf am 20. November 1939: »Der Weltkrieg hat uns gelehrt, daß es nicht genügt, tapfere Soldaten zu haben und gute Waffen zu besitzen, sondern daß alle daran teilnehmen und daß deshalb das gesamte Volk in der besten seelischen und körperlichen Verfassung zu sein hat und darin erhalten werden muß.« (Arbeitertum 9(1939)17, S. 3)
(16) Ley, Robert: Nach der Arbeit. In: Arbeitertum 3(1933)19, S. 3
(17) Stracke, G.: Die Aufgaben der DAF 1940. Zitiert in: Leser, Petra: Der Kölner Architekt Clemens Klotz. Köln 1991, S. 147
(18) Schon in der Weimarer Republik gab es Fortschritte beim Tarifurlaub. Ausreichenden Urlaub für eine Reise erhielten damals allerdings nur langjährige Betriebsangehörige. Die Verlängerung des Urlaubs auf ein bis zwei, teilweise bis drei Wochen erfolgte erst im Rahmen der »Deutschen Arbeitsfront«. Vgl. dazu Spode/Steinecke: Die NS-Gemeinschaft ..., a. a. O., S. 82
(19) Ebenda, S. 80

(20) Ley, Robert: Durchbruch der sozialen Ehre. Reden und Gedanken für das schaffende Deutschland. Berlin 1937, S. 23
(21) In: Arbeitertum 9(1940)23, S. 3
(22) In: Arbeitertum 9(1939)18, S. 2
(23) Berlin Document Center, Abteilung Research, SL 66
(24) In: Arbeitertum 9(1940)20, S. 2
(25) In: Arbeitertum 13(1944)21, S. 1
(26) Frank, Hans: Im Angesicht des Galgens. München Gräfelfing 1953, S. 421
(27) Hoffmann, Heinrich: Hitler was my friend, London 1955, S. 184.
(28) Was wir planen, das wird gebaut. In: Pommersche Zeitung für Stralsund, 24. 1. 1938
(29) Speer, Albert: Erinnerungen, a. a. O., S. 157
(30) Ebenda, S. 54
(31) Domarus, Max: Hitler. Reden und Proklamationen, Bd. 1. München 1962, S. 719
(32) Troost, Gerdy: Das Bauen im neuen Reich. Bayreuth 1938. Zitiert nach Frank, Hartmut: Welche Sprache sprechen Steine? In: Frank, Hartmut (Hg.): Faschistische Architekturen. Hamburg 1985, S. 10
(33) Fehl, Gerhard: Die Moderne unterm Hakenkreuz. In: Frank, Hartmut (Hg.): Faschistische Architekturen..., a. a. O., S. 91. Vgl. auch: Brenner, Hildegard: Die Kunstpolitik des Nationalsozialismus. Reinbek 1963
(34) Rittich, Werner: Baumeister unserer Zeit – Professor Clemens Klotz. In: Der Angriff vom 26. 2. 1938, S. 118
(35) Fehl, Gerhard: Die Moderne ..., a. a. O., S. 97 f.
(36) Ebenda, S. 96
(37) Frank, Hartmut: Welche Sprache ..., a. a. O., S. 10
(38) Durth, Werner: Deutsche Architekten. Braunschweig/Wiesbaden 1986, S. 301
(39) Liebknecht, Kurt: Der Kampf um eine neue deutsche Architektur. In: Neues Deutschland, 13. 2. 1951, S. 3
(40) Renn, Ludwig. In: Neues Deutschland vom 14. 3. 1951
(41) Petsch, Joachim: Baukunst und Stadtplanung im Dritten Reich. München, Wien 1976, S. 75
(42) Rauschning, Hermann: Gespräche mit Hitler. Zürich 1940. Zit. nach: Speer, Albert: Technik und Macht. Esslingen 1979, S. 47
(43) Speer schreibt darüber: »Wahrscheinlich wußte auch Hitler, daß die Ethik der christlichen Lehre seinen Vorstellungen diametral gegenüberstand. Ein wahrhafter Christ konnte kein Nationalsozialist sein. Hitler wußte aber auch, daß die Kirche sich im öffentlichen Bewußtsein unserer Zeit zurückdrängen läßt. Seine Absicht, die Menschen stärker politisch oder sonst irgendwie zu organisieren, hätte mit einiger Gewißheit dazu geführt, den in fast jedem Menschen schlummernden Drang zum Religiösen in ein pseudo-religiöses nationalsozialistisches ›Kult-Ritual‹ umzuwandeln, das sich ganz im politischen Idealismus, in politischer Hingabebereitschaft bewegt. Ein Vorgang, den wir aus der Sowjetunion kennen. Diese große Halle wäre zur ›Kult-Halle‹ geworden.« In: Technik und Macht..., a. a. O., S. 49
(44) Ebenda, S. 30
(45) Merker, Reinhard: Die bildenden Künste im Nationalsozialismus. Kulturideologie, Kulturpolitik, Kulturproduktion. Köln 1983, S. 117
(46) Krampen, Martin: Zur heutigen Wirkung von Nazi-Architektur. In: Hochschule der Künste Berlin (Hg): Faschismus, Dokumentation der Vorlesungsreihe an der HdK: 50 Jahre der Machtübertragung an die Nationalsozialisten. Berlin 1984
(47) In: Baugilde (1936)7, S. 213
(48) In: Unter dem Sonnenrad, S. 131 f.
(49) Pommersche Zeitung vom 30.3.1936
(50) Das Seebad der Zwanzigtausend im Bau. In: Arbeitertum 7(1937)15, S. 11
(51) Kritik am Massentourismus ist durchaus angemessen. Sie muß sowohl die »Unwirtlichkeit unserer Städte«, die die Menschen in die Ferne treibt, einbeziehen wie das Wohlstandsgefälle zwischen Nord und Süd und ebenso ungleich verteilte Möglichkeiten, Urlaub zu machen und zu reisen, die prinzipielle Umweltunverträglichkeit des Massentourismus, das Verbauen großer Landschaften und das Zusammenpferchen vieler Menschen. Das trifft den Massentourismus generell und selbstverständlich auch den KdF-Tourismus.
(52) Das Seebad der Zwanzigtausend im Bau. In: Arbeitertum 7(1937)15, S. 10 f.
(53) KdF-Bad Rügen – das größte Seebad für den deutschen Arbeiter. In: Völkischer Beobachter vom 27. 7. 1939, S. 8
(54) Ebenda
(55) In: Arbeitertum 3(1933)19, S. 3
(56) Ley, Robert: Der 12. November – ein Sieg der Deutschen Arbeitsfront. In: Arbeitertum 3(1933)19 vom 1. 12. 1933, S. 8-17. Auf S. 12 fährt Ley fort: »Wir haben es schon zum Teil geschafft dadurch, daß wir natürlich systematisch und brutal unsere Parteigenossen dort als Führer einsetzten, daß wir nie zögerten, sondern daß wir systematisch darangingen von Anfang an ... Wir müssen es dahin bringen, daß wir dem gesamten Volk, der Partei, ihren Führern, jedem klarmachen, die Lösung der sozialen Frage ist eine Frage der Erziehung und der Schulung ...«
(57) Speer, Albert: Erinnerungen, a. a. O., S. 13
(58) Ley, Robert: Arbeitsfront und

ständischer Aufbau. In: Arbeitertum 3(1933)13 vom 1. 9. 1933, S. 3-9
(59) Hitler, Adolf: Mein Kampf. München 1936, S. 535
(60) In: die neue linie, Juni 1938
(61) Brenner, Hildegard: Die Kunstpolitik ..., a. a. O., S. 129
(62) Leser, Petra: Der Kölner Architekt ..., S. 5
(63) Ebenda, S. 155
(64) Ebenda, 56f.
(65) Steimel, Robert: Kölner Köpfe. Köln 1959, S. 219
(66) Was wir planen, das wird gebaut. In: Pommersche Zeitung für Stralsund, 24. 1. 1938
(67) Leser, Petra: Der Kölner Architekt ..., a. a. O., S. 158
(68) Ebenda
(69) Rittich, Werner: Baumeister unserer Zeit ..., , a. a. O., S. 4
(70) Leser, Petra: Der Kölner Architekt ..., a. a. O., S. 154
(71) Rosenberg, Alfred: Letzte Aufzeichnungen. Göttingen 1955, S. 337
(72) Speer, Albert: Erinnerungen, a. a. O., S. 158
(73) In einem Bericht des Sicherheitsdienst-Leitabschnittes Danzig vom 7. 9. 1942 heißt es: »Gauschulungsleiter Löbsack erzählte bei einer vertraulichen Unterhaltung, daß Reichsleiter Dr. Ley offensichtlich nicht mehr ganz normal sei. Er habe vor den vereinigten Gauschulungsleitern eine Rede gehalten, die ein Mensch mit vernünftigen Gedanken gar nicht halten kann. Er habe dabei zahlreiche seiner früheren Grundsätze einfach über Bord geworfen und auch völlig wirre Gedankengänge verfolgt. So habe er z. B. erklärt, er werde als Chemiker beweisen, daß die Juden in ihrem Blut ein zersetzendes Ferment hätten und deshalb auszurotten seien. Am Schluß sei er unvermittelt auf KdF zu sprechen gekommen und habe erklärt, er erinnere an das herrliche Wort des Führers, das dieser ihm vor wenigen Jahren selbst gesagt habe: Saure Wochen, frohe Feste, Tages Arbeit, abends Feste. Als darauf aus dem Hintergrund der Versammlung mehrere Zurufe: Goethe! Goethe? gekommen seien, habe L. erklärt: Ich weiß nicht, ob ihre Zurufe Beifall oder Kritik ausdrücken sollen. Auf jeden Fall verbitte ich mir beides.« Zit. nach: Berlin Document Center. Partei-Korrespondenz-Akte über Dr. Ley
(74) Fehl, Gerhard: Die Moderne ..., a. a. O., S. 116f.
(75) Speer, Albert: Technik und Macht ..., a. a. O., S. 87f.
(76) Leser, Petra: Der Kölner Architekt ..., a. a. O., S. 156
(77) Darin heißt es: »Am 30. Heuert (altdeutsche Bezeichnung für Juli, J. R.) 1935 fanden sich auf der Terrasse des Hotel ›Fürstenhof‹ auf Einladung des Reichsorganisationsleiters der NSDAP und Reichsleiters der Deutschen Arbeitsfront Dr. Robert Ley zu bedeutsamer Verhandlung zusammen: Pg. Malte von Veltheim, Pg. Karl Gustav von Ploten, Landrat Pg. Lothar Schiedlansky, Bürgermeister Pg. Klaus Leisner - Berlin, Pg. Valten Kiel - Berlin, Pg. Paul Dürr - Stettin, Kreisleiter Walter Martens und Unterbannführer Paul Steffenhagen. Ferner waren die Architekten Pg. Klotz - Köln, Pg. Schulte - Frohlinde anwesend. Dr. Ley eröffnete den Anwesenden, daß er im Auftrage des Führers und Kanzlers Adolf Hitler und nachdem Dr. Ley soeben eine entsprechende Besichtigung durchgeführt habe, den Pg. Malte von Veltheim frage, ob er gewillt sei, den Küstenstreifen längs bei Prora von Mukran bis Binz zwischen dem Meer und der Straße Saßnitz-Binz für die Errichtung des ersten KdF-Strandbades in einem dem neuen Deutschland Adolf Hitlers entsprechenden Ausmaß zur Verfügung zu stellen, bereit sei. Pg. Malte von Veltheim erklärte sich im Hinblick auf die von Dr. Ley dargelegte Bedeutung des Projektes bereit, daß eben gekennzeichnete Land abzugeben. Dr. Ley dankte ihm im Namen der deutschen Menschen, denen dieses Werk gilt. Die Vereinbarung wurde durch Handschlag besiegelt. Gegeben 30. Heuert 1935 zu Saßnitz.«
(78) In: Westdeutscher Beobachter vom 9. 9. 1935
(79) Bender, Ewald: Wettbewerb für ein KDF-Seebad auf Rügen. In: Baugilde (1936)28, S. 819
(80) Ebenda, S. 825
(81) Ebenda (aus dem Erläuterungsbericht). Tessenow führt das weiter aus: »Es ist hier einer der natürlichsten, ältesten und wohl auch einer der schönsten und würdigsten Großversammlungsräume sehr unmittelbar zum Vorbild genommen, das ist die Waldlichtung, d. h. ein Raum, der als solcher zwar nur einen ungefähren Wetterschutz bietet und der auch sonst als Versammlungs- und Festraum allerlei Mängel hat, aber der doch auch als solcher ungefähr ebenso vornehm wie uralt ist und der sich hier in der einfachsten Weise für die besonderen, jedenfalls für die wesentlichsten in Betracht stehenden Nutzungszwecke eignet, wie er sich unmittelbar und stark mit der gegebenen Natur verbindet ... Der Versammlungs- und Festraum ist hier kaum viel mehr als eine Art riesenhafter oder monumentaler Unterschlupf in der gegebenen Natur; aber so wenig wie das sein mag oder so vielfach er dadurch in der Benutzung beschränkt sein mag, so außerordentlich viel gewinnt er anderseits an Stimmungsgehalt durch das un-

mittelbare Hineinspielen der Natur, z. B. der Abend, der vom Meer her in diesen Raum durch die Säulen hindurchsieht, oder das sommerliche Gewitter, das in ihn hineinblitzt und donnert, haben stimmungs- oder eindrucksmäßig für diesen Raum natürlich eine gewaltigste Bedeutung, sozusagen sie monumentalisieren ihn unmittelbar im höchsten Maße ...«

(82) Ley, Robert: Deutschland ist schöner geworden. Berlin 1936, S. 93

(83) Heidrich, Willi: Organisation der Großbaustelle des KdF-Seebades Rügen. In: Der Deutsche Baumeister 1(1939)7

(84) In: Völkischer Beobachter vom 3.4.1938

(85) In: Unter dem Sonnenrad, a. a. O., S. 129

(86) So Ley in einem Interview für die Pommersche Presse am 29.3.1936

(87) Bender, Ewald in der Pommerschen Zeitung Sommer 1936, und: Leser, Petra: Der Kölner Architekt ..., a. a. O., S. 220

(88) Bender, Ewald im Westdeutschen Beobachter vom 3.4.1938

(89) Troost, Gerdy: Neue Deutsche Architektur. Berlin 1938, S. 42

(90) Kiener, Hans in: Die Kunst im Dritten Reich, (1938)2, S. 41

(91) Leser, Petra: Der Kölner Architekt ..., a. a. O., S. 227

(92) Ebenda, S. 219f.

(93) Roloff, Erwin: KdF-Seebad Rügen. In: Rügenscher Heimatkalender 1939, S. 98

(94) In: Arbeitertum vom 1. 5. 1936, S. 24

(95) In: Völkischer Beobachter vom 27. 7.1939, S. 8

(96) Heidrich, Willi: Organisation ..., a. a. O., S. 36

(97) In: Westdeutscher Beobachter, Wochenendbeilage vom 3. 4. 1938

(98) KdF-Bad Rügen – das größte Seebad für den deutschen Arbeiter. In: Völkischer Beobachter vom 27. 7.1939, S. 8

(99) In: Völkischer Beobachter, Süddeutsche Ausgabe vom 29. 5. 1938

(100) Heidrich, Willi: Organisation..., S. 36

(101) Roloff, Erwin: KdF-Seebad Rügen, a. a. O., S. 98

(102) In: Arbeitertum 7(1937)15, S.10 f.

(103) In: Völkischer Beobachter, Süddeutsche Ausgabe vom 29.5.1938

(104) Interview mit Hans Schulten 1990

(105) In: Völkischer Beobachter, Süddeutsche Ausgabe vom 29.5.1938

(106) Heidrich, Willi: Organisation ..., S. 36

(107) Interview Schulten 1990

(108) Ebenda

(109) Nach einer Mitteilung von Herrn Geist, Prora

(110) Klette, Martin: Kasernen am schönsten Strand. In: Ostseezeitung vom 7.6.1991. (Diese Angabe kann fehlerhaft sein, andere in demselben Aufsatz sind es auch.)

(111) Nach Mitteilungen von Herrn Reich, Prora

(112) Brief des Kreisvorstandes Rügen der (Ost-)CDU an die Nationale Volksarmee, 1986

(113) Interview Schulten 1990

(114) In: Pommersche Zeitung vom 30.3.1936

(115) Nach Aussagen von Herrn Reich, Prora

(116) Kunert, Günter; Höpker, Thomas: Berliner Wände. München, Wien 1976, S. 57

(117) Raymund Karg: Prora. Portrait des Objekts (Verwertungsverfahren). Unveröffentlichtes Arbeitspapier vom 1. 10.1995

(118) Vgl.: Zimmer mit Aussicht. Potentiale eines Ortes auf Rügen. Ergebnisse der Entwurfswerkstatt. Katalog zur Ausstellung, Berlin 1996

(119) Bert van Meggelen: Perspektiven für Prora – ein Blick von fern. Ergebnisse des Seminars Coast Wise Europe, Protokoll des 2. Prora-Forums der S.T.E.R.N. GmbH, Anlage 11

(120) S.T.E.R.N.: Entwicklungskonzept Prora für Rügen. Berlin 1997, S. 99

(121) BUND/MISEREOR 1996, S. 24

(122) Marlies Preller: Nachhaltigkeit als Entwicklungsziel für Prora, Vortrag auf der 1. Kulturtagung Prora, März 97, unveröffentlichtes Manuskript

(123) Der Rüganer, Die Zeitung für die Insel, vom 20.11.1996; hier findet sich auch weitere Kritik an der Insel-Fremdheit der S.T.E.R.N.-Planer aus Berlin

(124) An Zeitmangel kann es nicht gelegen haben, denn andererseits war genügend Zeit, um mehrere Tage lang in einem Forum mit annähernd 100 Personen auf Wunsch des ehemaligen Vizelandrats das Modell »Teilabriß« zu diskutieren, obwohl sich dies wegen des erklärten Denkmalstatus' der Anlage von vornherein ausschloß.

(125) Protokoll des 4. Prora-Forums der S.T.E.R.N. GmbH, Anlagen 7, hier: Gutachten des Büros für Tourismus- und Erholungsplanung, Projektleitung Prof. Dr. Scharpf, Dipl. Ing. H. Rein und Anlage 8: Gutachten der Technischen Universität Dresden, Institut für Wirtschaft und Verkehr, Prof. Dr. W. Freyer

(126) Theodor W. Adorno: Jargon der Eigentlichkeit. Frankfurt/M. 1973

(127) Bert van Meggelen, a.a.O.

(128) Stiftung NEUE KULTUR, erste Kulturstiftung in den östlichen Bundesländern, Sitz: Fritschestraße 25, 10585 Berlin; Vorstand: Gabriele Muschter, Birgit Hoffmeister.

Franz Zadniček, Jahrgang 1954, Fotograf, Betreuer der fotografischen Sammlungen am Stadtmuseum Dresden, zahlreiche Personalausstellungen, u. a. in München, Prag, Chemnitz, Leipzig, Dresden

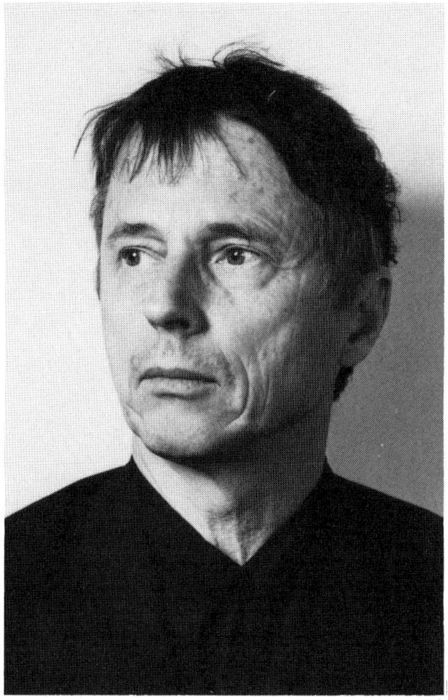

Jürgen Rostock, Jahrgang 1936, Studium der Polygraphie und Angewandten Mechanik, 1968-1990 wissenschaftlicher Mitarbeiter am Institut für Städtebau und Architektur der Deutschen Bauakademie, 1980 Promotion zu Lärmschutz im Städtebau, zahlreiche Veröffentlichungen

Literatur

Neben der bisher zitierten Literatur wurden folgende Werke benutzt:

Rudolph, Wolfgang: Die Insel Rügen. Rostock 1955
Schäche, Wolfgang: Architektur und Städtebau in Berlin zwischen 1933 und 1945. Berlin 1991
Scurla, Herbert: Ernst Moritz Arndt. Berlin 1952
Teut, Anna: Architektur im Dritten Reich 1933-1945. Frankfurt/M., Berlin 1967

Bildnachweis

Franz Zadniček: Umschlag, S. 8-11, 13-15, 17, 18 (links), 19, 20 (oben), 21, 24, 25, 39, 40 (rechts), 50, 51, 53, 57, 60, 61-64, 67, 69, 80, 86, 88, 91, 92, 95-99, 101-107, 112 (unten), 113-118, 121-122, 124-128, 129 (oben), 130, 132-135, 140
Jürgen Rostock: S. 18 (rechts), 20 (unten), 22, 23, 26, 27, 29-35, 38, 40 (links), 42-45, 47-49, 54, 55, 58/59, 65, 66, 74-76, 79, 81, 82, 85, 89, 129 (unten), 131
Büro Horst Heidrich: S. 52, 70, 73, 78, 83, 84, 93, 112 (oben)
Hans Schulten: S. 72, 77, 87, 94
Verlag Ch. Links: S. 12, 71, 110
Bernd Kühl: S. 2
Andreas Hampel: S. 100
Rainer Wilkens: S. 120